essentials

Essentials liefern aktuelles Wissen in konzentrierter Form. Die Essenz dessen, worauf es als „State-of-the-Art" in der gegenwärtigen Fachdiskussion oder in der Praxis ankommt. Essentials informieren schnell, unkompliziert und verständlich

- als Einführung in ein aktuelles Thema aus Ihrem Fachgebiet
- als Einstieg in ein für Sie noch unbekanntes Themenfeld
- als Einblick, um zum Thema mitreden zu können.

Die Bücher in elektronischer und gedruckter Form bringen das Expertenwissen von Springer-Fachautoren kompakt zur Darstellung. Sie sind besonders für die Nutzung als eBook auf Tablet-PCs, eBook-Readern und Smartphones geeignet.

Essentials: Wissensbausteine aus Wirtschaft und Gesellschaft, Medizin, Psychologie und Gesundheitsberufen, Technik und Naturwissenschaften. Von renommierten Autoren der Verlagsmarken Springer Gabler, Springer VS, Springer Medizin, Springer Spektrum, Springer Vieweg und Springer Psychologie.

Manfred Faber · Thomas Till

Interim Management erfolgreich gestalten

Ein Praxisratgeber für Unternehmen

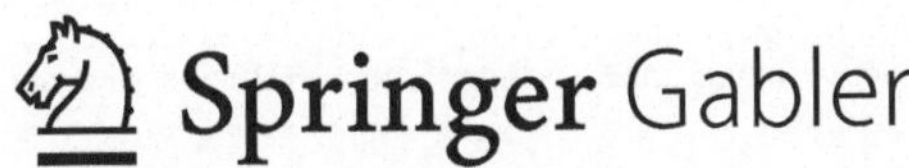

Manfred Faber
München
Deutschland

Thomas Till
München
Deutschland

ISSN 2197-6708
essentials
ISBN 978-3-658-08038-9
DOI 10.1007/978-3-658-08039-6

ISSN 2197-6716 (electronic)

ISBN 978-3-658-08039-6 (eBook)

Die Deutsche Nationalbibliothek verzeichnet diese Publikation in der Deutschen Nationalbibliografie; detaillierte bibliografische Daten sind im Internet über http://dnb.d-nb.de abrufbar.

Springer Gabler

Gedruckt auf säurefreiem und chlorfrei gebleichtem Papier

Springer Fachmedien Wiesbaden ist Teil der Fachverlagsgruppe Springer Science+Business Media
(www.springer.com)

Was Sie in diesem Essential finden können

- Wann ist es sinnvoll, einen Interim Manager einzusetzen?
- Wo und wie findet man den geeigneten Interim Manager?
- Wie erfolgt Auftragsklärung, Eingliederung und Erfolgskontrolle?
- Was ist in Zukunft bei dieser Arbeitsform möglich?

Inhaltsverzeichnis

Die Autoren

Manfred Faber war als Personalleiter für HR-Themen in nationalen und internationalen Unternehmen verantwortlich, machte sich 1998 selbstständig und arbeitete selbst als Interim Manager. Mit seiner Firma vermittelt er heute Interim Manager für den Personalbereich. Zusätzlich gründete er 2011 mit Thomas Till ein Unternehmen, in dem sie gemeinsam Interim Manager für Finanzpositionen vermitteln.

Thomas Till Till ist Finanzspezialist und seit knapp 25 Jahren im kaufmännischen Bereich von Unternehmen tätig. In seiner letzten Position war er als kaufmännischer Geschäftsführer in Deutschland und als Verwaltungsrat im Ausland tätig. Seit 2011 ist Thomas Till ebenfalls Geschäftsführer im gemeinsamen Unternehmen mit Manfred Faber.

Einleitung 1

Es wird viel über sie diskutiert und debattiert: über die Arbeitswelt des 21. Jahrhunderts. Einig sind sich alle darin, dass sich viel getan hat in den letzten Jahren. Heute befinden wir uns in einer Situation, in der Wandel und Veränderungen uns nicht nur in Schüben dazu zwingen, einzelne Aspekte unseres Handelns und unserer Arbeit zu überdenken, sondern – so widersprüchlich das in sich selbst klingen mag – der Wandel ist zu einer Konstanten geworden. Oftmals ist es deshalb für Unternehmen sehr schwer zu erkennen, wohin die Reise geht und welchen Markt- und Umweltbedingungen sie morgen ausgesetzt sein werden. Doch nicht nur das: abgesehen davon, dass es eine ständige Weiterentwicklung und Veränderung gibt, geschieht dies auch in einem bisher so nicht dagewesenen Tempo. Manche Situationen sind nur von kurzer Dauer und lösen sich so schnell wieder auf wie sie gekommen sind. Unternehmen müssen deshalb immer flexibler und schneller agieren, um wettbewerbsfähig bleiben zu können. Doch dies ist unter den aktuellen Rahmenbedingungen nicht immer leicht. So wird es für Unternehmen immer schwerer, die nötigen kompetenten Mitarbeiter zu finden. Denn aufgrund des demografischen Wandels ist immer weniger Nachwuchs vorhanden, der freiwerdende Positionen übernehmen könnte. Die Zeitspanne, bis eine vakante Position neu besetzt werden kann, wird deshalb immer länger. Dies ist problematisch, da neue Ideen und Produkte sehr schnell umgesetzt werden müssen, bevor es die Konkurrenz tut. Zudem kann nur schwer vorhergesagt werden, wie viele Mitarbeiter gebraucht werden und vor allem welches Fachwissen und welches Know-how morgen eventuell das Entscheidende sein könnte. Flexible Personallösungen werden deshalb immer wichtiger, um mit dem Tempo des Marktes mithalten zu können.

© Springer Fachmedien Wiesbaden 2015
M. Faber, T. Till, *Interim Management erfolgreich gestalten*, essentials,
DOI 10.1007/978-3-658-08039-6_1

Des Weiteren ist ein Wertewandel bei den Arbeitnehmern bemerkbar. Sie wissen, dass sie auf dem Arbeitsmarkt gefragt sind und stellen deshalb auch gewisse Ansprüche an ihre Arbeitgeber. Die große Mehrheit will sich nicht mehr für den Beruf aufopfern, sondern ist vielmehr auf der Suche nach einer erfüllenden Tätigkeit, die eine gute Work-Life-Balance ermöglicht. Das müssen Unternehmen ihren potenziellen Mitarbeitern bieten, um sie langfristig zu binden und so der Gefahr eines Fachkräftemangels entgehen zu können. Doch dies ist auch aus anderen Gründen nicht zu vernachlässigen. Denn zahlreiche Studien belegen, dass die Zahl der psychischen Krankheiten in Deutschland immer mehr zunimmt und zu Arbeitsausfällen führt. Eine vorausschauende Planung, die die Vereinbarkeit von Beruflichem und Privatem miteinbezieht, kann also langfristig für gesunde und leistungsfähige Mitarbeiter sorgen.

Aber wie soll ein Unternehmen all diese Aspekte berücksichtigen und dabei trotzdem noch schnell und flexibel bleiben, um überhaupt wettbewerbsfähig zu sein? Ist dies überhaupt möglich?

Interim Management kann in diesem Szenario eine Option sein, die Vorteile für alle Beteiligten mit sich bringt. Aus diesem Grund verbreitet sich diese Form der projektbezogenen Tätigkeit immer weiter und ist seit einigen Jahren stark auf dem Vormarsch. Wegen der zahlreichen Vorteile, die diese besondere Form der Arbeit für Unternehmen wie auch die Manager selbst bietet, soll in diesem Essential ein Überblick darüber gegeben werden, was Interim Management eigentlich ist, für welche Situation und in welchem Umfeld der Einsatz sinnvoll ist, welches die Vorteile sind und wie man die Projekte so aufsetzt, dass man damit den größtmöglichen Erfolg hat. Zielgruppe sind vor allem Unternehmen, die dieses Instrument einsetzen wollen bzw. darüber nachdenken, aber auch für aktive Interim Manager und für Menschen, für die Interim Management eine mögliche neue Arbeitsform sein könnte, ist die Lektüre sicherlich lohnenswert.

Hintergründe zum Interim Management

2

Obwohl das Interim Management stark auf dem Vormarsch ist und in Deutschland immer mehr zum Einsatz kommt, haben viele, die noch nicht direkt damit in Kontakt gekommen sind, keine genaue Vorstellung davon, was man tatsächlich darunter versteht. Vor allem mit der Zeitarbeit wird das Interim Management oft – negativ – in Verbindung gebracht oder gar verwechselt. Doch auch mit der Unternehmensberatung wird es oft fälschlicherweise gleichgesetzt. Aus diesem Grund soll in diesem Essential zunächst erläutert werden, wie genau Interim Management zu definieren ist und wie es sich von anderen Arbeitsformen unterscheidet.

2.1 Definition und Merkmale des Interim Managements

▶ „Als Interim Management wird der befristete Einsatz externer Führungskräfte zur Überbrückung von Vakanzen sowie die Übernahme temporärer Managementaufgaben bezeichnet."

So definiert die Dachgesellschaft Deutsches Interim Management E.V. (kurz: DDIM) den Begriff „Interim Management". Besonders wichtig ist hier zunächst einmal, dass es sich bei Interim Managern um externe Führungskräfte handelt. Sie haben im Unternehmen also nicht den Status eines festangestellten Mitarbeiters, sondern sind dort freiberuflich tätig. Außerdem ist die Befristung ein weiteres wichtiges Merkmal des Interim Einsatzes. Bereits im Vorfeld wird festgelegt, wie lange das Projekt oder die Überbrückung dauern wird. Anschließend ist der Auftrag erfüllt und der Externe verlässt das Unternehmen wieder. Dass es sich meist

© Springer Fachmedien Wiesbaden 2015
M. Faber, T. Till, *Interim Management erfolgreich gestalten*, essentials,
DOI 10.1007/978-3-658-08039-6_2

um Managementaufgaben bzw. Führungskräfte handelt impliziert, dass Positionen, die durch einen Interim Manager besetzt werden, in der Regel Schlüsselfunktionen sind, die für das Unternehmen von hoher Wichtigkeit sind.

Bereits diese Informationen genügen, um deutlich zu zeigen, dass Interim Management mitnichten mit der Zeitarbeit gleichgesetzt werden kann. Interim Manager sind immer freiberuflich und eigenverantwortlich im Einsatz, ohne von einer Firma „ausgeliehen" zu werden wie dies bei den Zeitarbeitern der Fall ist, die sich bei einer Zeitarbeitsfirma in einem klassischen Anstellungsverhältnis befinden. Außerdem wird Zeitarbeit in der Regel für eher einfache und administrative Tätigkeiten nachgefragt, während Interim Manager meist auf den höheren Hierarchieebenen und für komplexere und anspruchsvollere Aufgaben oder Projekte zum Einsatz kommen.

Doch auch die Unterschiede, die zwischen der Unternehmensberatung und dem Interim Management bestehen, lassen sich hier bereits erkennen. Obwohl die Grenzen hier zum Teil fließend sind, ist ein Berater im Unternehmen eher engagiert, um konzeptionelle Aufgaben zu übernehmen bzw. theoretischen Input zu liefern. Ein Interim Manager dagegen ist direkt an der Umsetzung beteiligt. Er ist nicht nur ein Denker, sondern vor allen Dingen ein Macher, der Lösungen nicht nur in der Theorie entwickelt, sondern diese tatsächlich in den Unternehmensalltag implementiert. Erkennen lässt sich dies schon an der Ausbildung: Unternehmensberater werden gemacht mit einer gezielten Ausbildung und einem bewährten Methodenkoffer. Interim Manager entwickeln sich aus ihrer senioren Erfahrung in festangestellten Positionen, die dann in den Beruf des Interim Managers mündet. Es ist wichtig, dass dieser Unterschied jedem bewusst ist, weil es sonst zu Missverständnissen kommen kann und Erwartungen entstehen, die nicht erfüllt werden können.

2.2 Einsatzmöglichkeiten eines Interim Managers

Unternehmen, die in einem sich schnell verändernden Umfeld erfolgreich sein wollen, müssen heutzutage ein hohes Maß an Flexibilität vorweisen können. Sie brauchen in jeder Situation und für jedes Projekt die nötige Fachkraft und das möglichst „gestern". Interim Management kann den Unternehmen die nötige Flexibilität geben. Es gibt fünf klassische Beispiele, in welchen Szenarien Interim Manager zum Einsatz kommen:

1. Zeitliche Überbrückung einer Vakanz
Eine Position wird vakant und muss neu besetzt werden. Situationen, in denen dies im Unternehmensalltag vorkommt, gibt es zuhauf: eine Kündigung, Aufhebungsvereinbarungen, Rente, neue Planstellen etc. Dies kann aufgrund der eingangs be-

schriebenen Marktsituation unter Umständen sehr viel länger dauern als noch vor einigen Jahren – und auf jeden Fall zu lange, als es für das Unternehmen tragbar ist. Ein Interim Manager kann kurzfristig einspringen und die Stelle so lange besetzen, bis ein geeigneter festangestellter Mitarbeiter gefunden ist. Denn kurzfristig heißt hier auch wirklich kurzfristig: Ein Interim Manager kann schon innerhalb weniger Tage gefunden und vor Ort sein, um die Position zu besetzen.

Ein Beispiel aus der Praxis: Der Personalleiter hat gekündigt. Man weiß, dass mittelfristig Veränderungen anstehen, kann aber die Richtung noch nicht genau definieren: Wachstum durch Zukäufe und Integration oder durch lose Kooperation. Wenn Unternehmen integriert werden sollen, braucht man einen Personalleiter mit entsprechender Erfahrung. Bis die endgültige Entscheidung jedoch getroffen ist, kann man sich mit einem Interim Manager behelfen und auf die Suche nach einem festangestellten Mitarbeiter gehen, wenn die Zeit reif ist.

2. Die vorübergehende Entlastung des Stelleninhabers
Wenn eine Position aus- oder umgebaut wird, braucht der Stelleinhaber oftmals temporäre Unterstützung in der Umstellungsphase. Ein Interim Manager kann hier entweder selbstständig Teilaufgaben übernehmen oder dem festangestellten Mitarbeiter zuarbeiten. So kann der bereits bewährte Mitarbeiter vor einer Überarbeitung geschützt und langfristig ans Unternehmen gebunden werden.

Ein Beispiel aus der Praxis: Man möchte im europäischen Ausland Verkaufsniederlassungen aufbauen. Der einzige Marketingmanager ist hervorragend dafür geeignet, weil er diese Aufgaben schon mal bei einem früheren Arbeitgeber durchgeführt hat. Jedoch ist diese Aufgabe sehr zeitaufwendig und man entschließt sich, ihm einen Marketing-Interim-Manager an die Seite zu stellen, der ihm die lokalen Aufgaben in Deutschland abnimmt und ihm so ermöglicht, sich die Zeit für die Expansionsaufgabe zu nehmen, bis diese abgeschlossen sind.

3. Spezielles Expertenwissen für einen begrenzten Zeitraum
Dies ist besonders häufig dann der Fall, wenn spezielles Know-how für ein bestimmtes Projekt vonnöten ist, das anschließend nicht mehr gebraucht wird. Der Interim Manager hat in der Regel ein ähnliches Projekt bereits erfolgreich betreut und kommt nur für diesen Zeitraum ins Unternehmen, bevor er es wieder verlässt. So kann das Unternehmen vermeiden, dass es einen teuren Mitarbeiter über die notwendige Dauer hinweg an sich bindet und hat trotzdem einen Spezialisten zur Hand.

Ein Beispiel aus der Praxis: Ein Unternehmen hat aufgrund eines Produktlaunches einen Bedarf an neuen Mitarbeitern. Der Personalleiter ist auf diesem Gebiet noch nicht sehr erfahren. Man entscheidet sich, einen Interim Recruiter anzuheuern, der den kompletten Rekrutierungsprozess übernimmt und das Unternehmen wieder verlässt, sobald genügend Mitarbeiter eingestellt wurden.

4. Vertretungseinsätze

Elternzeit, Sabbaticals oder längere krankheitsbedingte Abwesenheit eines Stelleninhabers können für ein Unternehmen kritisch werden. Diese klassischen Fälle von vorübergehend unbesetzten Positionen können mit Hilfe eines Interim Managers schnell und professionell überbrückt werden.

Ein Beispiel aus der Praxis: Der CFO ist krankheitsbedingt ausgefallen. Es ist nicht sicher, wann es ihm wieder möglich sein wird, die Arbeit aufzunehmen, doch die Position ist zu wichtig, als dass sie unbesetzt bleiben kann. Innerhalb von 3 Tagen ist ein Interim CFO gefunden und nach 7 Tagen ist dieser im Einsatz im Unternehmen. Der Vertrag wird für 6 Monate abgeschlossen, jedoch mit der Option auf Verlängerung und einer Kündigungsfrist von 14 Tagen, um die Flexibilität zu gewährleisten für den Zeitpunkt, wenn der CFO wieder genesen ist.

5. Problemlösungen

Gerade das Krisenmanagement ist eine der klassischen Aufgabenstellungen, die Interim Managern zuteilwird. Oftmals ist es von Vorteil, wenn unangenehme Aufgaben – wie Personalabbau oder Restrukturierungen – von einer Person übernommen werden, die nicht fest im Unternehmen verwurzelt ist und dieses anschließend wieder verlässt. Ein Externer kann in diesem Fall objektiver an das Problem herangehen als jemand, der die Situation womöglich voreingenommen und emotionsbehaftet beurteilt.

Ein Beispiel aus der Praxis: Das Geschäft in einer Sparte geht verloren. In einem anderen Bereich muss jedoch aufgebaut werden. Es ist nicht möglich, einen großen Teil der Mitarbeiter zu transferieren, weil die Anforderungsprofile sehr unterschiedlich sind. Man hat sich entschieden, für den Abbau einen Interim HR Manager einzusetzen, damit man den festangestellten HR Manager aus der Schusslinie nimmt und dieser sich auf den Aufbau konzentrieren kann.

In jeder dieser Situationen bietet der Einsatz eines Interim Managers dem Unternehmen also zahlreiche Vorteile und vor allen Dingen ist es eine Lösung, die sehr kurzfristig realisiert werden kann. Dieser Punkt ist nicht zu vernachlässigen, da Schnelligkeit für die Wettbewerbsfähigkeit mehr und mehr an Bedeutung gewinnt. Interim Manager können in beinahe jedem Unternehmen zum Einsatz kommen, da sie branchenerfahren sind und auf verschiedenen Hierarchieebenen agieren können. Entscheidend ist lediglich, dass die Unternehmenskultur von Offenheit und Vertrauen geprägt ist, denn nur dann findet der Interim Manager Akzeptanz und kann wirklich produktiv sein. Das Zurückhalten von Informationen oder eine mangelnde Kooperation mit dem Externen sind hier fehl am Platz und schränken die Wirkungsmöglichkeiten enorm ein. Da ein professioneller Interim Manager aber jederzeit vertraulich und verantwortungsbewusst mit Informationen umgeht, sollte man sich nicht scheuen, ihn vollständig zu integrieren und ihm Zugang zu allen notwendigen Informationen zu ermöglichen. Viele Unternehmen haben Angst, dass sensible Daten an die Konkurrenz weitergetragen werden könnten, doch diese Befürchtung lässt sich leicht relativieren: Der Interim Manager hat einen Ruf – und damit seine Geschäftsgrundlage – zu verlieren. Denn ein solches Verhalten spricht sich schnell herum und würde für den Interim Manager das Aus bedeuten. Außerdem lässt sich durch vertragliche Regelungen bereits im Vorfeld Klarheit schaffen.

Ein wichtiges Persönlichkeitsmerkmal soll hier auch erwähnt werden: Da Interim Manager in der Regel durch den häufigen Projektwechsel und dem damit verbundenen Kontakt zu neuen Menschen auch auf zwischenmenschlicher Ebene erfahren sind und besonnen agieren, finden sie schnell Zugang zu Menschen und Gruppen. Dadurch werden auch eher skeptische Mitarbeiter in der Regel schnell Vertrauen zu den Kollegen auf Zeit gewinnen.

2.3   Geschichtliche Entwicklung und Rolle in der heutigen Arbeitswelt

Immer mehr Arbeitsverhältnisse werden in Deutschland auf flexibler bzw. freier Basis eingegangen und die Zahl der professionellen Interim Manager steigt stark an. Seinen Anfang hat diese Entwicklung allerdings vor allem in den Niederlanden und Großbritannien genommen. Dort gab es bereits in den 1970er-Jahren Interim Manager, die vor allem im Bereich des Krisenmanagements den Bedarf deckten, der durch festangestellte Mitarbeiter nicht zu befriedigen war. Vor allem in den Niederlanden waren die Interim Manager schnell auf dem Vormarsch, da die Regierung ihre Anstellung steuerlich begünstigte. Doch auch andernorts – beispielsweise in Schweden – konnte man diese Form der Dienstleistung vereinzelt ab den 1960er-Jahren beobachten.

Nach Deutschland schwappte der Trend Anfang der 1980er-Jahre. Wie in den Niederlanden begann es auch hier im Bereich des Krisenmanagements, doch waren es zunächst nur Einzelfälle und das Wissen um diese Beschäftigungsform war wenig verbreitet. Einen ersten Schub erhielt das Interim Management hierzulande nach der Wiedervereinigung. Die Treuhandanstalt musste damals eine Vielzahl ehemaliger DDR-Staatskombinate und volkseigener Betriebe mit mehr als 4 Mio. Mitarbeitern sanieren. Für diese Aufgabe fehlten noch die Erfahrung und das Know-how, um die Betriebe unter erschwerten Bedingungen durch das marktwirtschaftliche Umfeld zu manövrieren. Doch die Interim Manager hatten diese und wurden so engagiert, um im Auftrag der Treuhandgesellschaften die jeweiligen Unternehmen zu privatisieren, zu sanieren oder auch stillzulegen. Um die Jahrtausendwende herum waren es dann die Start-ups, die den sogenannten New Economy Auf- und leider dann auch Abschwung durchlebten und für einen Boom des Interim Marktes sorgten. Meist hatten die Führungskräfte dieser jungen Unternehmen zwar hervorragende IT- oder Produktkenntnis, doch keine oder wenig Managementerfahrung und sie wussten in der Krise nicht professionell zu agieren. Interim Manager wurden engagiert, um den Mangel an Know-how auszugleichen und die Unternehmen zu retten, bevor es zu spät war. Zu dieser Zeit wurde Interim Management in Deutschland deutlich bekannter, wenngleich es noch weniger verbreitet war als in anderen Ländern.

Damals waren Interim Manager also vor allem „Feuerwehrleute", die gerufen wurden, wenn es schon fast zu spät war. Heute werden sie auch immer öfter als Hands-On-Berater und operative Umsetzer engagiert, die nicht nur theoretischen Input liefern, sondern die „Lizenz zum Machen" haben. Mittlerweile finden sie sich in nahezu allen Unternehmensbereichen und Wirtschaftszweigen. Besonders gefragt sind sie aber nach wie vor in der Automobilindustrie und den unter dem Kürzel TIMES zusammengefassten Branchen Telekommunikation, Informationstechnologie, Medien, Entertainment und Security. Denn gerade diese Unternehmen sind in einem sehr schnellen Markt aktiv und von ihrer Unternehmenskultur her offen genug, dass gerne auch kreative Wege eingeschlagen werden und Mitarbeiter Neuem gegenüber recht aufgeschlossen sind. Doch auch die Gesundheits- und Sozialwirtschaft oder die öffentliche Hand haben sich dem Interim Management mehr und mehr geöffnet. Dabei fragen nicht nur Konzerne diese Dienstleistung nach, sondern vermehrt auch der inhabergeführte Mittelstand, der traditionell gegenüber externen Beratern eher skeptisch ist. Bemerkenswert ist, dass auch immer mehr Frauen und eher junge Menschen sich für das Interim Management als Arbeitsform ihrer Wahl entscheiden. In den Anfangsphasen traf man hier hauptsächlich auf ehemalige männliche Führungskräfte, die ihre Erfahrung kurz vor dem Rentenalter weitergeben wollten.

Das Interim Management hat sich also in den letzten 20 Jahren europaweit stark verbreitet und der Markt wächst auch weiterhin schnell. Allein in Deutschland bescheinigt die DDIM ihm eine jährliche Wachstumsrate von 15–20 %[1]. So schnell wächst die Branche in keinem anderen europäischen Land und der historische Vorsprung beispielsweise der Niederlande oder Großbritannien wird schon bald neutralisiert sein.

---

[1] Vgl.: http://www.ddim.de/de/Interim_Management_Markt/Marktinformationen.php.

Professionelle Interim Manager gibt es laut DDIM Ende 2012 etwa 5500[2]. Da es sich aber um keinen geschützten Begriff handelt, gibt es auch noch eine große Zahl an Personen, die sich selbst als Interim Manager betiteln, aber eigentlich anderen Gruppen zuzuordnen sind. Nichtsdestotrotz ist das Interim Management bereits jetzt ein fester Bestandteil der deutschen Arbeitslandschaft. Es wird interessant sein zu beobachten, wie stark sich diese Managementform in Zukunft noch durchsetzen wird, wenn mehr und mehr Unternehmen und Arbeitnehmer erkennen, welche Vorteile es gerade in der heutigen Arbeitswelt mit sich bringt.

---

[2] Vgl.: http://www.ddim.de/de/Interim_Management_Markt/Marktinformationen.php.

Die Akteure im Markt des Interim Managements

Die Akteure im Markt des Interim Managements sind neben dem Interim Manager selbst die Unternehmen, die Projekte oder Einsätze an Interim Manager vergeben, sowie Provider, mit denen sowohl Manager als auch Unternehmen zusammenarbeiten und die beide gezielt zusammenbringen. Im Folgenden soll genauer betrachtet werden, welche Rolle in diesem Szenario jedem zukommt und was die jeweiligen Aufgaben, Anforderungen und Merkmale sind.

3.1 Der Interim Manager

Der Interim Manager ist der Hauptdarsteller in diesem Szenario. In der Regel handelt es sich um reifere Menschen mit seniorer Erfahrung, die sich aus Überzeugung dazu entschließen, als Interim Manager tätig zu werden. Entweder, weil sie Spaß daran haben, ihre Erfahrung und ihr Wissen weiterzugeben und anderen in schwierigen Situationen helfend zur Seite zu stehen, oder weil sie die vielen individuellen Gestaltungsmöglichkeiten reizen und die Aussicht, zahlreiche verschiedene Menschen, Situationen und Unternehmen kennenzulernen. Die Projekte und Einsatzmöglichkeiten sind praktisch unbegrenzt. Doch sollte man an dieser Stelle auch gleich erwähnen, dass nicht jeder für das Leben als Interim Manager gemacht ist. Denn ein guter Interim Manager muss einige Anforderungen erfüllen:

1. Flexibilität
Die Flexibilität in zeitlicher und örtlicher Hinsicht ist vermutlich das A und O, um als Interim Manager erfolgreich sein zu können. Eher selten wird man das Glück

© Springer Fachmedien Wiesbaden 2015

11

M. Faber, T. Till, *Interim Management erfolgreich gestalten,* essentials,
DOI 10.1007/978-3-658-08039-6_3

haben, ein Projekt in der Nähe des Wohnortes zu bekommen, und so muss man in der Lage sein, innerhalb weniger Tage auch in einer anderen Stadt einsatzfähig zu sein, um seine Wettbewerbsfähigkeit zu erhalten. Auch muss ein Projekt nicht zwingend in Vollzeit vergeben werden. Die Beschäftigung in Teilzeit ist ebenfalls möglich und oft sinnvoll, sodass der Interim Manager überlegen muss, worin er die restliche Zeit investiert – andere Projekte, private Aktivitäten, Familie, Weiterbildung oder auch gesellschaftliches Engagement. Es ist keine Seltenheit, dass ein Interim Manager zwei oder mehr Projekte zeitgleich betreut, von welchen eines auch mit Reisetätigkeit verbunden ist. Je flexibler man als Interim Manager ist, desto besser sind also auch die Marktchancen. Inwiefern er sich durch Flexibilität einen Marktvorteil aufbaut, ist abhängig von seiner individuellen Entscheidung unter Berücksichtigung seiner privaten Präferenzen.

2. Fachwissen

Interim Manager werden als externe Spezialisten angeheuert und müssen deshalb selbstverständlich auch über das nötige – und aktuelle! – Fachwissen und die Erfahrung in diesem Gebiet verfügen. Entscheidend ist dabei, dass sie sich nicht nur in der Theorie bestens auskennen, sondern auch fundierte praktische Erfahrung vorweisen können und eher „konstruktive Macher" als „Denker ohne Umsetzungsstärke" sind. Es ist wichtig, dass sie ähnliche Aufgabenstellungen bereits an anderer Stelle bewältigt haben.

3. Ausgereifte Persönlichkeit

Ein Interim Manager steht ständig vor neuen Herausforderungen und ist mit wechselnden Teams und Rahmenbedingungen konfrontiert. Deshalb ist es absolut essenziell, dass er in sich selbst gefestigt ist, weiß, wo er steht, und in jeder Lage selbstbewusst und souverän auftreten kann, ohne dabei überheblich oder arrogant zu wirken. Obwohl dies nicht zwingenderweise vom Lebensalter abhängig ist, so kann man doch sagen, dass der Grad der Seniorität oft mit den Jahren korreliert.

4. Anpassungsfähigkeit

Interim Manager werden nicht nur laufend mit neuen Aufgaben und Unternehmen konfrontiert, sondern arbeiten auch im Wechsel von wenigen Wochen oder Monaten mit neuen Teams zusammen. Sie müssen sich also schnell und unkompliziert in eine bestehende Gruppe einfinden können und hoch ausgeprägte soziale Kompetenzen mit sich bringen. Nur wenn sie sich auf ihr Umfeld einlassen und dieses schnell für sich und ihre Ideen gewinnen können, wird es ihnen gelingen, ihre Projekte zum Erfolg zu führen.

5. Aktives Netzwerken

Obwohl viele Interim Manager mit Providern zusammenarbeiten, generieren sie die Mehrheit ihrer Aufträge nach wie vor im eigenen Umfeld. Oftmals über ehemalige Kollegen und Chefs, Bekannte, Dienstleister oder Branchenpartner. Ein großes Netzwerk, das aktiv gepflegt wird, ist deshalb die Grundlage, um als Interim Manager seinen Lebensunterhalt verdienen zu können. Das hört sich einfach an, ist aber eine zeitaufwendige und kontinuierliche Tätigkeit, die nicht vernachlässigt werden darf.

6. Vertriebsorientierung

Ein Interim Manager muss in der Lage sein, sein Produkt – also sich selbst – gewinnbringend und zielgerichtet zu verkaufen. Er muss sich also sehr bewusst darüber sein, welchen Nutzen er dem Kunden bringt und wie er diesen ansprechend aufbereiten und mit einer persönlichen Note versehen kann. Dabei steht nicht in erster Linie der „Direktvertrieb" im Vordergrund, sondern vor allem das eben schon thematisierte Netzwerken und eine gezielte Marktpräsenz.

7. Unternehmerisches Denken

Ein Interim Manager ist ein Unternehmer und obwohl es sich in der Regel um „Überzeugungstäter" handelt, müssen sie dennoch ihren Lebensunterhalt verdienen. Aus diesem Grund muss ein Interim Manager sich darüber klar sein, wie viel seine Leistung wert ist bzw. was er dafür verlangen kann und muss. Außerdem muss er diesen Preis begründen können, wenn er sich beispielsweise mit potenziellen Auftraggebern in Vertragsverhandlungen befindet. Dies ist ein Punkt, der vielen Selbstständigen Probleme bereitet, da sie ein Produkt verkaufen, das nicht greifbar ist und dessen Wert sich im Vorfeld oft nicht überprüfen lässt. Aus diesem Grund soll das Thema der Preisfindung weiter unten noch gesondert behandelt werden.

8. Mentale Stabilität

Auch ein exzellenter Interim Manager wird immer wieder Phasen ohne Aufträge haben. Das ist ganz natürlich. Worauf es ankommt ist, dass man diese Abschnitte sinnvoll nutzt und sich nicht verunsichern oder nervös machen lässt. Ein Interim Manager braucht die mentale Stabilität, um diese Flauten „aushalten" zu können, ohne an sich selbst zu zweifeln, sondern sie vielmehr als Chancen zu sehen, sich selbst weiterzuentwickeln. Mentale Stabilität ist auch dann gefragt, wenn ein Projekt zu Ende geht. Nach einer langen Zeit mit täglich vielen Mails, Anrufen und Meetings darf man sich nicht verunsichern lassen, wenn eine projektlose Phase folgt, in der das Gefühl des „Gebrauchtwerdens" ausfällt. Auch hier muss der Interim Manager selbstbewusst weiter seinen Weg gehen.

9. Finanzielle Absicherung

Die soeben erwähnten auftragslosen Phasen können nicht nur die Psyche, sondern auch den Geldbeutel stark strapazieren. Deshalb muss ein guter Interim Manager so eigenverantwortlich und vorausschauend planen, dass er auch für längere Durststrecken finanziell abgesichert ist. Als Faustregel gilt, dass man jederzeit für ein Jahr ohne Auftrag oder andere finanzielle Zuflüsse über die Runden kommen sollte. Diese Rücklagen legt man am besten kurzfristig, z. B. in einem Tagesgeldkonto, ab. Doch auch für den Krankheitsfall, Unfälle oder das Alter muss man vorgesorgt haben.

Der Interim Manager ist also der wichtigste Akteur in diesem Markt und er trägt einige Verantwortung: für sich selbst und auch seine Kunden.

3.2 Die Unternehmen

Die Unternehmen sind die Kunden des Interim Managers. Immer mehr haben erkannt, dass die schnelle Verfügbarkeit und das Expertenwissen ihnen einen Vorteil bei der Bewältigung wichtiger Projekte bringen können. Deshalb entscheiden sich viele Unternehmen dazu, einen Interim Manager zu engagieren. Sinn macht das vor allem dann, wenn eines der folgenden Szenarien eintrifft:

1. Es handelt sich um eine Schlüsselfunktion

Wenn beispielsweise ein CFO das Unternehmen überraschend verlässt, ist dies für das Unternehmen sehr problematisch, denn es handelt sich hierbei um eine enorm wichtige Aufgabe bzw. eine Schlüsselfunktion, die bei einem Ausfall das Tagesgeschäft des Unternehmens stark negativ beeinflussen wird. In solchen Fällen zählt jede Minute und es wird sofort jemand gebraucht, der den Posten übernehmen kann – ohne lange Einarbeitungszeit. Hier kann ein Interim Manager kurzfristig einspringen, die Routine im Unternehmen aufrechterhalten und überbrücken, bis ein Nachfolger gefunden ist. Eine Frage kann hier helfen, die Entscheidung zu treffen: Was kostet es mich, wenn ich die Stelle nicht besetze? Diese Frage ist selbstverständlich nicht immer ganz leicht zu beantworten, aber es ist wichtig, sich die Kosten bzw. den entgangenen Gewinn vor Augen zu führen, die beispielsweise entstehen, wenn man aufgrund der unbesetzten Position zu langsam ist und ein anderes Unternehmen deshalb vor einem zum Zuge kommt. Auch Passivität kann in diesem Fall teuer sein.

2. Verhinderung von Überlastung

Doch auch wenn es sich um weniger hohe Positionen handelt, reißt ein Mitarbeiter meist ein Loch in seine Abteilung, wenn er das Unternehmen unerwartet verlässt. Natürlich gibt es die Möglichkeit, die Aufgaben des ehemaligen Kollegen auf die übrigen Mitarbeiter zu verteilen, bis ein Nachfolger gefunden ist. Doch passiert es oft, dass diese Umverteilung dazu führt, dass die übrigen Mitarbeiter in ihrer eigentlichen Arbeit behindert werden, sodass es letztendlich zu einer Minderleistung des Gesamtunternehmens kommt. Nicht zu vergessen ist außerdem, dass diese zusätzliche Belastung der verbliebenen Mitarbeiter nicht selten auch zu deren Überlastung führen kann. Mittelfristig kann dies in weiteren Ausfällen aufgrund von gesundheitlichen Problemen münden und somit in einer Abwärtsspirale.

3. Schaffen eines Marktvorteiles

Zu guter Letzt ist es dann sinnvoll, einen Interim Manager einzusetzen, wenn dem Unternehmen dadurch ein Marktvorteil entsteht. Dies ist vor allem dann der Fall, wenn schnelles Handeln erforderlich ist, um zum Beispiel wie oben beschrieben eine unerwartete Vakanz zu überbrücken oder aber um das Unternehmen an schnelle Marktveränderungen anzupassen.

Es gibt also viele Situationen, in denen der Einsatz eines Interim Managers für ein Unternehmen sinnvoll sein kann. Doch ein Unternehmen muss auch dazu beitragen, dass die Zusammenarbeit mit dem Interim Manager erfolgreich verläuft. Dies ist nur dann der Fall, wenn die Unternehmenskultur offen und von Vertrauen geprägt ist. Der Interim Manager sollte auf keinen Fall ausgegrenzt oder als Fremdkörper wahrgenommen, sondern in das Team integriert werden.

Checkliste: So erkennt man als Auftraggeber einen guten Interim Manager

1) Klare Platzierung als Interim Manager.
2) Gute Markpositionierung seiner Fähigkeiten und Erfahrungen.
3) Hohe Flexibilität in Ort und Zeit.
4) Kundenorientierung, die man spürt.
5) Gezielte Fragen, die die Problematik und Thematik gezielt umreißen.
6) Stark lösungsorientierter Ansatz.
7) Verbindliches, sympathisches und souveränes Auftreten.
8) Zuverlässigkeit.
9) Direkte, ehrliche und zeitnahe Kommunikation.
10) Ehrliche, selbstkritische Beurteilung zum Unternehmensfit (passe ich zur Unternehmenskultur?).

3.3 Die Provider

Der Provider stellt das Bindeglied zwischen dem Interim Manager und dem Unternehmen dar. Wenn ein Unternehmen auf der Suche nach einer kurzfristigen Lösung ist, werden sie eingeschaltet und haben einen katalytischen Effekt auf den Prozess. Sie helfen dem Unternehmen, schnell eine qualitativ hochwertige Lösung zu finden. Außerdem informieren sie sich beim Unternehmen ganz genau über das Projekt und wissen, welches die richtigen Fragen sind, um herauszufinden, was das Unternehmen wirklich braucht und was den Interim Manager erwarten wird. Anschließend treffen sie eine Vorauswahl aus ihrem Pool und stellen diese Kandidaten dem Kunden vor. Kommt es zu einer Projektvergabe an einen vom Provider vorgestellten Kandidaten, erhält dieser eine Provision, die in der Regel von der Höhe des Interim Honorars abhängig ist.

Kein Interim Manager ist gezwungen, sich in den Pool eines (oder mehrerer) Provider aufnehmen zu lassen. Jeder Interim Manager hat auch die Möglichkeit, sein eigener „Provider" zu sein, und muss das in jedem Fall immer ein Stück weit sein, indem er sein Netzwerk intensiv pflegt. Doch ein Provider bietet sowohl für das Unternehmen als auch den Interim Manager einige Vorteile, weshalb sich beide Seiten gern für die Zusammenarbeit mit einem Vermittler entscheiden. Zunächst einmal wird durch ihn der Prozess deutlich schneller. Der Provider kann in der Regel innerhalb weniger Tage mit passenden Kandidaten vorstellig werden. Außerdem kann er sowohl dem Interim Manager als auch dem Unternehmen mit Rat und Tat zur Seite stehen, da er die Sorgen und Wünsche beider Seiten kennt. Er hat in diesem Sinne auch eine beratende Funktion und hilft, Klarheit in den Prozess zu bekommen sowie verschiedene Handlungsalternativen gegeneinander abzuwägen. Ein erfahrener Provider ist außerdem in der Lage, die jeweilige Situation gut zu beurteilen, und weiß, welche Interim Manager für den Job geeignet sind und welche weniger – nicht nur fachlich gesehen, sondern auch der Persönlichkeit nach. Zu guter Letzt endet der Einsatz des Providers nicht mit der Vermittlung: Auch während des Einsatzes kann immer auf ihn zurückgegriffen werden, wenn es sinnvoll oder nötig ist.

Obwohl Provider so viele Vorteile für beide Parteien haben, wird noch nicht lange mit ihnen gearbeitet. In den 1990er-Jahren gab es auf dem deutschen Markt etwa eine Handvoll Provider. Meist handelte es sich um Ein-Mann-Firmen, die in der Regel gediente Führungskräfte an Unternehmen vermittelten. Da der Interim Markt nun seit Jahren immer weiter wächst, steigt auch die Zahl der Provider weiter an und einzelne Provider bauen auch ihren internen Mitarbeiterstamm kräftig auf. Noch entwickelt sich der Markt – viele Provider kommen und einige gehen schnell wieder. Es ist davon auszugehen, dass sich der Markt in den kommenden

Jahren bereinigen wird. Übrig bleiben dann vermutlich einige große und etablierte Anbieter sowie einige kleinere Nischenprovider, die sich auf Funktionen (z. B. HR oder Finance) oder Branchen (z. B. Automobil oder Telekommunikation) spezialisieren. Gerade die Nischenanbieter haben den großen Vorteil, dass sie den Markt, in dem sie agieren, bestens kennen, da sie in der Regel jahrelang selbst dort im Einsatz waren. Da sie sehr spezialisiert sind, sind ihre Pools natürlich auch kleiner als die der großen Provider, doch dafür kennen sie ihre Manager meist persönlich und können neben der fachlichen Qualifikation auch nach zwischenmenschlichen Kriterien auswählen. Diese Provider sind oft wie „Boutiquen" aufgebaut. Es gibt nur wenige interne Mitarbeiter und oft wird sehr viel zusätzlicher Mehrwert in Form von Veranstaltungen und Ähnlichem für die Interim Manager und die Kunden zur Verfügung gestellt. Ein weiterer Vorteil der spezialisierten Anbieter ist, dass die Mitarbeiter selbst vom Fach sind und somit nicht nur in formaler Hinsicht die reine Besetzung übernehmen können, sondern zusätzlich als Sparringspartner für alle Beteiligten dienen und eine zusätzliche Ressource sind.

Bis der Markt sich selbst reguliert hat, muss aktuell noch zwischen einer enorm großen Zahl von Providern gewählt werden und leider gibt es auch hier immer wieder das eine oder andere schwarze Schaf. Deshalb ist es sowohl für die Interim Manager als auch die Unternehmen wichtig, sich in ihrem Netzwerk, im Internet und in Publikationen zu informieren, bevor sie mit einem Provider zusammenarbeiten bzw. sich in deren Pool aufnehmen lassen. Außerdem sollte man wissen, auf welche Punkte bei einem seriösen Vermittler zu achten sind. Ein guter Provider besitzt in der Regel einen Pool von mehreren hundert Interim Managern. Dieses Netzwerkt pflegt er aktiv und zu jedem Zeitpunkt! Gerade der persönliche und regelmäßige Kontakt ist entscheidend. Ein guter Provider muss die Mehrzahl seiner Interim Manager persönlich kennen, um beurteilen zu können, ob er zu einem Projekt nicht nur fachlich, sondern auch auf einer zwischenmenschlichen und unternehmenskulturellen Ebene passt. Kommunikation ist hier das Zauberwort. Sowohl zu seinen Kunden als auch zu den Interim Managern baut der Provider eine Beziehung auf, die auf eine langfristige Kooperation abzielt. Außerdem sollte man sich durch den Provider jederzeit gut repräsentiert fühlen.

Für alle Beteiligten gilt aber, dass Offenheit und Transparenz der Schlüssel zum Erfolg sind. Denn ein Provider kann nur dann im Sinne aller handeln, wenn er rechtzeitig und unmissverständlich über Wünsche, Ziele und Anforderungen unterrichtet wird. Hier Informationen zurückzuhalten ist der falsche Weg, denn es muss ein Vertrauensverhältnis aufgebaut werden. Je genauer der Provider sowohl Unternehmen als auch Interim Manager kennt, desto schneller wird er einen passenden Kandidaten gefunden haben, wovon letztendlich alle Parteien profitieren.

▶ **Tipp** Vertrauen Sie ihrem Bauchgefühl! Bei der Wahl des Providers ist es vor allem wichtig, dass man harmoniert. Haben Sie ein ungutes Gefühl bei einem Provider, lassen Sie lieber die Finger davon. Sehr wahrscheinlich werden Ihnen auch die vorgestellten Kandidaten nicht zusagen.

Checkliste: Wie wähle ich einen geeigneten Provider aus?

- Sind ähnliche Projekte schon besetzt worden?
- Welche Referenzkunden gibt es?
- Wie groß ist der Pool der Interim Manager?
- Wie wird der Pool gepflegt?
- Was ergibt eine Internetrecherche?
- Wie ist die Homepage aufgebaut und ist sie subjektiv ansprechend?
- Wie beurteile ich sein fachliches Know-how?
- Was sagt das Bauchgefühl?
- Erfolgt die Betreuung langfristig durch denselben Mitarbeiter oder wechseln die Ansprechpartner häufig?
- Hat mein Ansprechpartner langjährige unternehmerische Praxiserfahrung in dem Thema, für das ich einen Interim Manager benötige?

Prozessablauf eines Interim-Manager-Einsatzes 4

Klassischerweise kann man einen Interim-Manager-Einsatz in vier Phasen unterteilen. Zunächst einmal die Phase der Rekrutierung, anschließend die Einarbeitung, die tatsächliche Arbeitsphase und zum Ende hin der Projektabschluss, der auch die Übergabe beinhaltet. Für alle vier Phasen gibt es einige Charakteristika und Handlungsempfehlungen. Bevor man sich auf die Suche nach einem Interim Manager macht, sollte jedes Unternehmen aber intern Klarheit schaffen, ob der Einsatz sinnvoll und möglich ist. Das Unternehmen erspart so sich und gegebenenfalls dem Provider Zeit und Arbeit, denn sobald der Ruf nach einem Interim Manager nach außen gegangen ist, werden geeignete Profile vorgestellt und man muss sich mit jedem intensiv beschäftigen. Deswegen im Folgenden eine kleine Checkliste mit Fragen, die man sich zu Beginn stellen sollte:

Checkliste: Ist ein Interim Einsatz sinnvoll und möglich?

- Es gibt eine spürbare Lücke.
- Diese Lücke ist relativ klar erkennbar und beschreibbar.
- Das zu erreichende Ziel ist klar bestimmt.
- Die Aufgabe ist für einen Interim Einsatz geeignet bzw. die Rahmenbedingungen lassen ihn zu.
- Die Unternehmenskultur ist offen für einen externen Spezialisten.
- Die Möglichkeiten einer „internen Lösung" wurden bedacht, doch sie sind entweder schlicht nicht vorhanden oder wären kontraproduktiv.
- Das Budget für den Interim Einsatz ist vorhanden und genehmigt.

© Springer Fachmedien Wiesbaden 2015   19
M. Faber, T. Till, *Interim Management erfolgreich gestalten*, essentials,
DOI 10.1007/978-3-658-08039-6_4

- Die Kosten, die entstehen, wenn man den Interim Einsatz NICHT durchführt, sind höher als die Kosten für den Externen.
- Die Vorteile eines Externen sind dem Unternehmen bewusst.
- Die notwendigen Schritte für eine erfolgreiche Integration des Interim Managers sind bekannt und werden umgesetzt.

4.1 Die Rekrutierung

Wenn ein Unternehmen beschließt, einen Interim Manager einzusetzen, ist der erste Schritt, einen solchen zu finden, der sowohl von seinem Know-how als auch seiner Persönlichkeit ins Unternehmen und zur Aufgabe passt. Um dies zu schaffen, ist es das Wichtigste, dass man sich intern genau darüber im Klaren ist, welches die Anforderungen sind. Dies hört sich banal an, ist in der Praxis jedoch allzu häufig nicht der Fall. Am besten werden diese Kriterien in der Stellenausschreibung schriftlich fixiert – die Informationen zu visualisieren kann helfen, Klarheit zu bekommen. Außerdem sollte man immer, bevor man die Suche startet, abklären, wie lange man den Interim Manager in etwa brauchen wird und – wenn man darüber nicht selbst die Entscheidungsgewalt hat – unbedingt auch, ob das nötige Budget bereits bewilligt ist! Je besser die Planung und je mehr Klarheit intern vorhanden ist, desto schneller wird die Suche von Erfolg gekrönt sein.

Wege, einen Interim Manager zu rekrutieren, gibt es viele. Am einfachsten und erfolgversprechendsten ist wohl die Suche im eigenen Netzwerk. Das können ehemalige Kollegen, die jetzt als Interim Manager arbeiten, aber auch Menschen sein, die man auf Fortbildungen oder Netzwerkveranstaltungen kennengelernt hat. Gerade ehemaligen Kollegen kommt hohe Bedeutung zu, da man bereits weiß, wie es in der Zusammenarbeit klappt. Das Netzwerk kann aber auch einfach als Tippgeber und Multiplikator fungieren. Auch in sozialen Netzwerken wie LinkedIN oder Xing kann man fündig werden. Hier gibt es mittlerweile eigene Untergruppen, bei denen sich Interim Manager in Foren organisieren. Oder aber man wendet sich mit seinem Anliegen an einen Provider. Dieser kann einem auf professionelle Weise die Arbeit abnehmen und den Rücken freihalten. Außerdem wird er aufgrund seines großen Pools unter Umständen deutlich schneller mit einem Interim Manager aufwarten können, als das über die anderen Rekrutierungswege der Fall wäre. Allerdings sollte man nicht mehr als zwei Provider ansprechen, um zu vermeiden, dass man zu inflationär mit Profilen überschwemmt wird. Besser ist es, im Laufe der Zeit eine Beziehung zum Provider aufzubauen. Dann reicht sogar ein einziger, da dieser das Unternehmen und seine Kultur gut kennt und entsprechend weiß, welche Interim Manager dazu passen.

Hat man einige Kandidaten identifiziert, führt man am besten telefonisch ein Erstgespräch durch, um schnell einen ersten Eindruck zu bekommen. Ist dieser gut, sollte man in einer zweiten Runde immer auch noch ein persönliches Gespräch führen. Dies ist absolut wichtig, da nach wie vor der persönliche Eindruck sehr entscheidend ist.

Exkurs: Vertragskonstellation

Interim Manager sind Freiberufler. Entsprechend sind sie natürlich nicht in einem klassischen Anstellungsverhältnis bzw. mit Abschluss eines Arbeitnehmervertrags beim Unternehmen beschäftigt. Genauso wenig handelt es sich um eine Arbeitnehmerüberlassung, wie es bei Zeitarbeitern der Fall wäre. Viel mehr gibt es verschiedene Möglichkeiten der Vertragskonstellation, die alle ihre Vor- und Nachteile haben.

Akquiriert der Interim Manager den Auftrag auf eigene Initiative, schließt er in der Regel selbst einen Vertrag mit dem Unternehmen ab. Dabei handelt es sich meist um einen Projektvertrag. Da man als Interim Manager durchaus das eine oder andere Mal selbst Verträge aufsetzen oder aushandeln muss, ist es ratsam, sich in diesem Bereich etwas zu bilden bzw. zu informieren, um die rechtlichen Hintergründe und Pflichten zu kennen. Sonst kann es hier zu Komplikationen kommen.

Doch auch wenn der Auftrag über einen Provider zustande kommt, sollte man sich über die rechtliche Lage stets eigenverantwortlich auf dem aktuellen Stand halten. Durch die Zwischenschaltung des Providers gibt es eine Vielzahl weiterer Möglichkeiten, wie die Vertragskonstellation und -gestaltung aussehen kann. Die beiden wichtigsten sollen im Folgenden kurz näher erläutert werden. Die wohl in der Mehrheit der Fälle genutzte Variante ist jene, in der der Interim Manager einen Projektvertrag mit dem Provider abschließt und der Provider wiederum ebenfalls einen Projektvertrag mit dem Unternehmen wie in Abb. 4.1 verdeutlicht wird. So gibt es zwischen dem Interim Manager und dem Unternehmen keine direkte vertragliche Bindung. Wollen sie etwas in der Vereinbarung verändern, müssen sie dies mit dem Provider besprechen, der es dann vertraglich umsetzt. Eine Lösung, die eher intransparent und umständlich ist. Von Unternehmen aber wird diese Variante gerne gewählt, da sie so nicht eine Vielzahl von einzelnen Verträgen haben, sondern einen Vertragspartner, der die Interim Manager für sie verpflichtet.

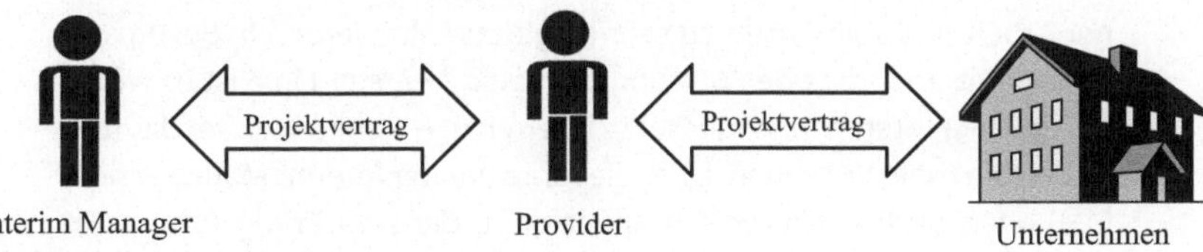

Abb. 4.1 Vertragskonstellation Linie

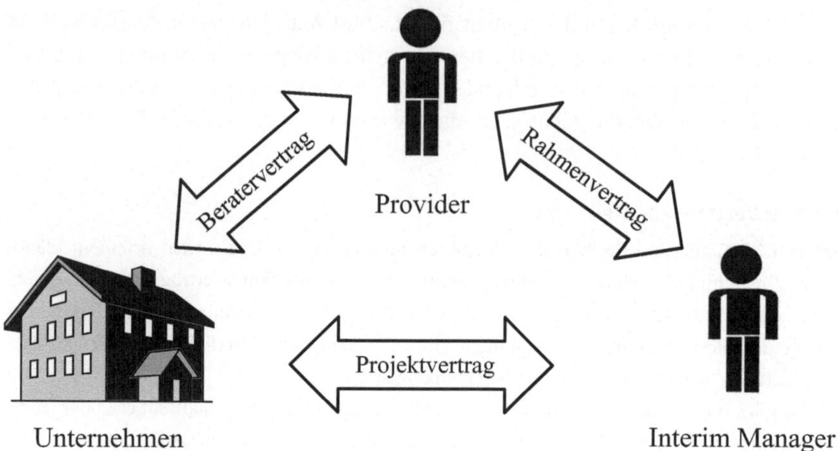

Abb. 4.2 Vertragskonstellation Dreieck

Die in Abb. 4.2 dargestellte Variante ist jene, ein Dreiecksverhältnis zwischen den Beteiligten herzustellen, indem der Provider mit dem Interim Manager lediglich einen Rahmenvertrag abschließt, der ihn verpflichtet bei einer Projektvergabe, die unter Einwirkung des Providers zustande kam, einen bestimmten Prozentsatz seines Tagessatzes an den Provider abzugeben. Gleichzeitig schließt der Provider mit dem Unternehmen einen Beratervertrag ab, in dem er den Auftrag erhält, einen Interim Manager für ein bestimmtes Projekt zu finden. Zwischen dem Interim Manager und dem Unternehmen gibt es dann den eigentlichen Projektvertrag, in dem der Tagessatz und die genauen Inhalte des Auftrags geregelt werden. Der Vorteil bei dieser Variante ist die maximale Transparenz für alle Beteiligten und dass Unternehmen und Interim Manager die Möglichkeit haben, im direkten Kontakt selbst die Details ihrer Zusammenarbeit auszuhandeln. So ist direkt vertraglich gebunden wer auch zusammenarbeitet und Änderungen müssen nicht erst durch den Provider umgesetzt werden.

▶ **Tipp** Der Interim Manager ist ein Externer und dies soll sowohl bei der Vertragsgestaltung als auch der täglichen Aufgabendurchführung immer klar sein. Er ist also weitestgehend frei in der Durchführung seiner Arbeit und sollte nicht zu sehr eingeschränkt werden in Bezug auf Arbeitszeit und -ort oder Weisungsbefugnis. In erster Linie ist es wichtig, dass der Interim Manager sein Ziel erreicht – weniger, wie er das tut. Haben Sie ruhig Vertrauen. Über die Jahre hat der Interim Manager sich Methoden und Arbeitsweisen angeeignet, die zum Erfolg führen. Er wird die Zufriedenheit des Kunden von selbst als erste Priorität betrachten, da es in seinem Interesse ist, positive Referenzen zu gewinnen.

4.2 Die Einarbeitung

Anders als bei festangestellten Mitarbeitern, die in der Regel eine gewisse Kulanzzeit am Anfang ihrer Beschäftigung erhalten, muss ein Interim Manager praktisch vom ersten Tag an voll da sein. Eine klassische Einarbeitung gibt es in diesem Sinne bei ihm deshalb nicht. Allerdings muss dem Externen natürlich die Möglichkeit gegeben werden, sich in seiner Stelle auf Zeit zurechtzufinden. Er braucht deshalb eine kurze, aber sehr prägnante Einführung. Das bedeutet, dass seine Aufgaben, Kompetenzen und Vollmachten im Vorhinein eindeutig definiert und an ihn kommuniziert werden müssen. Dies wird am besten auch schriftlich festgehalten, inklusive der Ziele und Erwartungen, die die Auftraggeber haben. Das gibt Interim Manager, Mitarbeitern und Geschäftsleitung die Möglichkeit, am Ende des Einsatzes dessen Erfolg zu bewerten.

> **Tipp** Das magische Wort „Auftragsklärung". Man wundert sich, aber dieser Punkt ist noch immer nicht selbstverständlich, obwohl dies Grundlage für ein erfolgreiches Projekt ist. Bitte führen Sie sich vor Augen: Je genauer und professioneller die Auftragsklärung zu Beginn des Projekts ist, desto erfolgreicher kann der Interim Manager arbeiten. Mit Phrasen wie „wir lassen das mal entwickeln" hat man es zunächst bequem, da man sich keine Gedanken machen muss, aber es wird zu einem späteren Zeitpunkt dafür bezahlt werden müssen.

Der Interim Manager sollte möglichst schon am ersten Tag alle für ihn wichtigen Personen im Unternehmen kennenlernen. Falls er Kontakt zu ihnen hat, gilt dies auch für wichtige Kunden oder Partner. Auch ein Gefühl für die Unternehmenskultur und die internen Do's und Dont's sollten vermittelt werden. So kann man unangenehme Situationen und Missverständnisse vermeiden.

Auch die Belegschaft muss rechtzeitig darüber in Kenntnis gesetzt werden, dass sie bald einen Interim Manager in ihrem Team haben wird und welche Pflichten, Rechte und Weisungsbefugnisse ihr Kollege auf Zeit hat, sodass sie sich nicht überrumpelt fühlen. Dabei darf ruhig betont werden, dass es sich nur um eine vorübergehende Lösung handelt und die Position bald wieder permanent besetzt ist. Am besten wird ein konkretes Datum genannt. So kann verhindert werden, dass die festangestellten Mitarbeiter sich Sorgen machen, dass der Interim Manager an ihrem Stuhl sägen und sie unter Umständen ersetzen könnte. Sie werden ihn dann viel bereitwilliger integrieren und offener mit ihm kommunizieren.

Als letzten Punkt einer guten Vorbereitung sollte man dann auch nicht vergessen, dass der Interim Manager vom ersten Tag an die entsprechenden Rahmenbedingungen geboten bekommen muss, um arbeiten zu können. Das bedeutet, dass sein Arbeitsplatz vorbereitet sein muss, er braucht einen PC und Zugang zu den relevanten Daten und Unterlagen, eine externe E-Mail-Adresse, Telefon usw. Das mag banal klingen, doch in der Praxis ist dies meist ein Problem.

Checkliste: Die erfolgreiche Einarbeitung

- Stehen die Arbeitsmittel bereit? (Computer, Büro, Telefon, Mailaccount, …)
- Sind alle entscheidenden Personen rechtzeitig und umfassend informiert worden?
- Ist klar, was die Erwartungen an den Interim Manager sind? Gibt es schriftlich fixierte Meilensteine?
- Sind Kompetenzen und Befugnisse dargestellt?
- An wen und wie oft muss der Interim Manager berichten bzw. sich austauschen?
- Ist der Interim Manager über die informellen Netzwerke im Unternehmen aufgeklärt?
- Sind regelmäßige Jours Fixes vereinbart?
- Hat der Interim Manager eine Einführung in die Unternehmenskultur bzw. die Do's und Dont's bekommen?
- Wird dem Interim Manager in der Anfangsphase die nötige Unterstützung suggeriert und aktiv nachgefragt, was er noch braucht?

4.3 Die Arbeitsphase

Es ist für viele immer wieder überraschend, wie schnell und effektiv Interim Manager ihre Aufgaben bewältigen. Dies liegt zum einen an der senioren Erfahrung und zum anderen daran, dass der Interim Manager als Externer von zeitraubenden firmenpolitischen Hintergründen befreit ist. Deswegen ist während des Einsatzes des Interim Managers eines ganz besonders wichtig für den Arbeitgeber: Loslassen! Viele Unternehmen bzw. besser gesagt die Verantwortlichen neigen dazu, dass sie ständig versuchen, den Interim Manager bei seinem Job zu unterstützen, weil sie sich nicht vorstellen können, dass jemand so schnell mit der Materie vertraut ist bzw. sich einarbeiten kann. Aber gerade deshalb beauftragt man ja einen Interim Manager, da dieser eben genau dazu in der Lage ist und Ähnliches bereits mehrere Male erfolgreich gemeistert hat. Es ist deshalb notwendig, ihm den Freiraum zu geben, den er braucht, um erfolgreich sein zu können.

Vertrauen in Persönlichkeit und Können ist hier ein wichtiges Element, um ein erfolgreiches Projekt durchzuführen. Ständig Report und Status einzufordern kann hier sogar behindern. Am besten lässt man zu, dass sich das ganze erst mal entwickelt. Optimalerweise wird einmal wöchentlich ein Jour Fixe eingeplant und durchgeführt, bei dem alle wichtigen Punkte besprochen werden können. Zusätzlich kann man Eckpunkte definieren, die außerplanmäßige Rücksprachen erfordern.

Dies soll aber nicht bedeuten, dass der Interim Manager nicht von den Verantwortlichen die nötige Rückendeckung für seine Aufgabe braucht. Auch wenn es eher sinnvoll ist, den Interim Manager auf seine Art und Weise arbeiten zu lassen und ihm nicht zu viel reinzureden, so braucht er trotzdem die Unterstützung nach außen, die ihm die nötige Autorität verleiht. Gerade in Veränderungsprozessen, wenn es beispielsweise um Umstrukturierungen oder Entlassungen geht, ist dies besonders wichtig, um Projekte erfolgreich umsetzen zu können.

Für den Fall, dass es sich um einen Vertretungseinsatz handelt, kann es außerdem sinnvoll sein, die ausgefallene Führungskraft auch regelmäßig auf dem Laufenden zu halten. Aber Vorsicht: Dies ist eine zweischneidige Klinge! Denn gerade bei Burn-out oder ähnlichen Erkrankungen ist eine totale Ausklinkung des Patienten in der Regel sinnvoll. Hier ist es sehr wichtig, dass die Bedürfnisse des Mitarbeiters im Vordergrund stehen. Denn die Auszeit hat ihre Gründe und Ziel soll es sein, dass die Arbeitsfähigkeit wieder ganz hergestellt wird. Falsche Motive für eine fortlaufende Information wären zum Beispiel Verlustängste seitens des ausgefallenen Mitarbeiters. Diese sollten ihm genommen werden, sodass er sich ganz auf die Genesung konzentrieren kann. Ist es aber möglich und von allen Beteiligten gewünscht, kann regelmäßiger Informationsfluss helfen, den festangestellten Mitarbeiter weiterhin zu integrieren und eine spätere Rückkehr in die Position zu vereinfachen.

Da der Interim Manager nur für einen begrenzten Zeitraum im Unternehmen bleibt, ist es wichtig, dass sichtbar gemacht wird, was er macht und wie. Grund hierfür ist weniger Kontrolle als vielmehr die Tatsache, dass er nach Abschluss des Projekts nicht mehr da sein wird und die festangestellten Mitarbeiter aber weiter mit seinen Ergebnissen arbeiten müssen. Eine ausführliche Dokumentation und auch das Darlegen des gewählten Lösungsweges sind deshalb sehr wichtig.

> **Tipp**   Die Dokumentation sollte nicht im Stillen erfolgen, sondern im Idealfall bereits während des Projekts von geeigneten festangestellten Mitarbeitern begleitet werden. Wenn es möglich ist, sollte die Dokumentation in einer geeigneten Wissensdatenbank festgehalten werden.

Wie bereits vorher erwähnt muss man sich als Unternehmen vor dem Einsatz eines Interim Managers überlegen, ob die Kultur offen genug für einen Externen ist. Selbst wenn man diese Frage mit Ja beantwortet hat, kann man es endgültig erst bewerten, wenn der Interim Manager im Unternehmen begonnen hat. Sollte man während des Einsatzes bemerken, dass es unter den festangestellten Mitarbeitern zu Spannungen oder Ängsten kommt, sollte man die Gründe für diese identifizieren und versuchen, sie zu neutralisieren. Wie man es auch schon vor dem Einsatz machen sollte, kann es helfen, nochmals deutlich an die Mitarbeiter zu kommunizieren, dass der Kollege auf Zeit auch wirklich vorhat wieder zu gehen und nicht ihre Position gefährdet. Natürlich gibt es in jedem Unternehmen eine Gerüchteküche. Interim Manager müssen sich hier ganz besonders heraushalten. Es ist nicht ihre Aufgabe, in diesem Zusammenhang etwas zu kommentieren oder dazu beizutragen, denn es könnte ihren Einsatz stark gefährden.

> **Tipp** Wenn Sie Interim Manager sind, achten Sie darauf, was Sie zu wem sagen. Wenn Sie Auftraggeber sind, ziehen Sie Interim Manager nicht in solche Themen hinein – außer in besonderen Fällen als neutralen Schlichter – und erinnern Sie den Externen an seine Neutralität, sollte Ihnen ein Fehlverhalten auffallen.

4.4 Der Projektabschluss

Die letzte Phase eines Interim-Manager-Einsatzes ist der Abschluss bzw. die Übergabe. Dieser letzte Teil darf auf keinen Fall vernachlässigt werden, denn er ist mindestens ebenso bedeutsam wie der Rest des Einsatzes. Zwar neigt sich die Aufgabe des Interim Managers dem Ende zu, doch es muss dafür gesorgt werden, dass der Unternehmensalltag auch nach seinem Ausscheiden reibungslos weiterläuft und dass der eventuelle festangestellte Nachfolger (falls es sich um eine Vakanzüberbrückung oder Ähnliches gehandelt hat) nahtlos den Posten übernehmen kann. Hier ist es deshalb meist sinnvoll, dass der Nachfolger und der Interim Manager einige Tage zusammenarbeiten, um die Übergabe zu erleichtern. Außerdem sollte man die Chance nutzen, sich vom Externen Verbesserungsmöglichkeiten für die Aufgabe oder Position aufzeigen zu lassen. Auch andere Aspekte des Unternehmens kann der Interim Manager nach seinem Einsatz gut beurteilen, vor allem da er die Situation unvoreingenommen betrachten kann. Diese Chance sollte man nicht ungenutzt verstreichen lassen und sich hier Anregungen holen, von denen man langfristig profitieren kann. Denn ein Interim Manager bringt immer auch frischen Wind in die oftmals eingefahrenen Strukturen eines Unternehmens.

Außerdem muss im Interesse beider Parteien kontrolliert werden, ob das Projekt geglückt ist und das erreicht wurde, was anfangs vereinbart war. Wenn nicht, gilt es die Ursachen zu identifizieren. War eventuell zu wenig Zeit eingeplant?

Dann kann es sinnvoll sein, den Einsatz des Interim Managers noch um einige Tage oder Wochen zu verlängern. Gibt es tiefer greifende Probleme im Unternehmen, die so einfach nicht beseitigt werden können? Dann sollten diese ausfindig gemacht werden, um herauszufinden, was dagegen getan werden kann. Wurde der Interim Manager daran gehindert effizient zu arbeiten, da er nicht wirklich in das Unternehmen integriert wurde? Das lag dann sehr wahrscheinlich daran, dass die Kultur noch zu verschlossen war und nicht bereit, mit dem Externen zusammenzuarbeiten. Solch ein Zustand ist nie sehr produktiv und man muss in jedem Fall daran arbeiten, um langfristig erfolgreich sein zu können.

Vor- und Nachteile des Interim Managements 5

Manch einer, der noch nicht oft mit dem Thema Interim Management konfrontiert war, mag auf den ersten Blick nicht erkennen, weshalb diese Form der Beschäftigung in den letzten Jahren so stark auf dem Vormarsch ist. Der Grund dafür ist, dass es für alle Beteiligten viele Vorteile bietet. Diese sollen im Folgenden einmal näher betrachtet werden. Doch da es auch hier wie immer zwei Seiten der Medaille gibt, sollten auch die Nachteile nicht vernachlässigt werden, die Interim Management für den Freiberufler selbst wie auch das Unternehmen bereithalten kann.

5.1 Für das Unternehmen

Interim Manager sind auf den ersten Blick nicht immer ganz günstig und viele Unternehmen werden von den genannten Honoraren abgeschreckt. Dass der erste Blick trügt, wird weiter unten noch deutlicher werden. In jedem Fall aber ist ein Interim Manager für das Unternehmen bares Geld wert. Denn oft fahren Unternehmen seit Jahren dieselbe Schiene ohne zu merken, dass ihnen bereits eine kleine Veränderung wieder den nötigen Aufwind geben würde. Ein Interim Manager kommt von außen und hat die Möglichkeit, die Situation im Unternehmen mit einem neutralen Blick zu beurteilen, Probleme leichter zu identifizieren und so frischen Wind zu bringen und neue Ideen anzustoßen. Außerdem hat er unternehmenspolitisch keine Historie und keine Zukunft im Unternehmen. Das gibt ihm die Freiheit, auch weniger angenehme Themen anzusprechen. Wenn auch an die Kollegen auf Zeit kommuniziert wird, dass der Interim Manager nur kommt, um anschließend wieder zu gehen, werden sie auch bereitwillig mit ihm zusammenarbeiten.

© Springer Fachmedien Wiesbaden 2015

M. Faber, T. Till, *Interim Management erfolgreich gestalten*, essentials,

DOI 10.1007/978-3-658-08039-6_5

Trotzdem genießen Interim Manager leider auch heute noch teilweise einen etwas zweifelhaften Ruf. Der Grund dafür ist, dass es wie überall auch im Interim Management das eine oder andere schwarze Schaf gibt bzw. unzureichende Informationen vorliegen, was Interim Management genau ist und bedeutet. Doch da dieser Markt vor allem von Transparenz und aktiven Netzwerken lebt, fliegen diese wenigen Ausnahmen in der Regel sehr schnell auf. Ein professioneller Interim Manager kann dem Unternehmen zu jedem Zeitpunkt von großem Nutzen sein. Vor allem die folgenden vier Punkte machen den zusätzlichen Nutzen eines Interim Managers gegenüber einem festangestellten Mitarbeiter deutlich:

1. Flexibilität
Interim Manager sind sowohl zeitlich als auch räumlich flexibel, was für Unternehmen wohl den größten Vorteil darstellt. Sie können kurzfristig eingesetzt werden und für einen beliebigen Zeitraum. Auch in der Gestaltung der Aufgabe gibt es viel Spielraum, da die Verträge individuell an die Situation angepasst werden können. Egal ob in Voll- oder Teilzeit, vor Ort oder im Homeoffice, für einige Wochen oder Monate: Interim Manager können sich an jede Gegebenheit anpassen.

2. Operative Umsetzung vom ersten Tag an
Bei permanenten Anstellungsverhältnissen gilt oft die „100 Tage Schonfrist" – jedoch nicht bei Interim Managern. Sie sind es gewohnt, im Takt von wenigen Monaten in den unterschiedlichsten Unternehmen zu arbeiten, und haben somit Übung darin, sich schnell einzufinden. Sie wissen, welche Fragen gestellt werden müssen, können wichtige Informationen von weniger wichtigen unterscheiden und haben hohe soziale Kompetenzen. So sind sie dazu fähig, innerhalb kürzester Zeit zielgerichtet zu agieren.

3. Fachliche Expertise
Interim Manager verfügen oft über sehr spezifisches Fachwissen. Dies kommt den Unternehmen gerade dann zugute, wenn sie jemanden benötigen, der ein Projekt betreut, das in dieser Form nicht alle Tage ins Haus steht (z. B.: Gründung eines europäischen Betriebsrats, Outsourcing der Lohnbuchhaltung, Auswahl und Einführung einer neuen Bewerbermanagement-Software, Harmonisierung/Vereinheitlichung der oft unterschiedlichen Financesoftware …). Für solche Projekte ist spezielles Know-how erforderlich und es ist zwingend notwendig, dass es professionell umgesetzt wird, um spätere Komplikationen zu vermeiden. Ein Interim Manager kann hier helfen, da er ähnliche Projekte schon mehrfach erfolgreich gestemmt hat und über die nötige Expertise verfügt.

4. Kalkulierbare Kosten

Ein entscheidender Vorteil bei der Arbeit mit Interim Managern ist, dass der Auftraggeber immer genau weiß, welche Kosten ihm entstehen. Der Interim Manager arbeitet für ein vorher vereinbartes Honorar und dem Unternehmen entstehen keine zusätzlichen Kosten, zum Beispiel durch Ausfälle (Krankheit, Urlaub) oder Abfindungen, wie dies bei einer Festanstellung der Fall wäre. Auch unproduktive Zeiten wie die Einarbeitungsphase oder Personalentwicklungsmaßnahmen fallen weg. So relativiert sich sehr schnell der zunächst als hoch empfundene Tagessatz, wenn man betrachtet, was alles in ihm enthalten ist und welche direkten und indirekten Kosten sowie Risiken durch ihn abgedeckt werden.

Vergleichsrechnung: Festanstellung vs. Interim Manager

Interim Manager sind insgesamt nicht teurer als festangestellte Mitarbeiter in einer vergleichbaren Position. Dies liegt daran, dass bei einem Interim Manager im Gegensatz zum festangestellten Mitarbeiter keinerlei Zusatzkosten entstehen, wie die Vergleichsrechnung in der Tabelle in Abb. 5.1 veranschaulicht.

Ein Interim Manager kann für ein Unternehmen also eine enorme Hilfe und Erleichterung sein. Doch neben den positiven Aspekten eines solchen Einsatzes gibt

Vergleich Kosten Festanstellung vs. Interim Manager Finance			
Kosten pro Jahr für festangestellten Mitarbeiter		**Interim Manager**	
Gehalt brutto	75.000,00 €	entfällt,; nur Tagessatz	0,00 €
Sozialversicherungsanteil für Arbeitgeber ca. 20%	15.000,00 €	entfällt,; nur Tagessatz	0,00 €
Betriebliche Nebenleistungen (BVA, Prämien, etc.) ca. 30%	22.500,00 €	entfällt,; nur Tagessatz	0,00 €
Büro, Handy, Laptop etc.	10.000,00 €	entfällt,; nur Tagessatz	0,00 €
Weiterbildung	5.00,00 €	entfällt,; nur Tagessatz	0,00 €
Einstellungs- bzw. Trennungskosten, verteilt auf 3 Jahre	12.500,00 €	entfällt,; nur Tagessatz	0,00 €
Ausfall des Mitarbeiters durch Krankheit, Weiterbildung	10.000,00 €	entfällt,; nur Tagessatz	0,00 €
Gesamt:	150.000,00 €		
Kosten Mitarbeiter bei 240 Arbeitstagen im Jahr:	625,00 €	Reiner Tagessatz ab ca.:	650,00 €

Abb. 5.1 Vergleichsrechnung

es auch ein paar Punkte, die man nicht vergessen darf, die eher nachteilig für das Unternehmen sind. So wird ein Interim Manager innerhalb kürzester Zeit ein Teil des Teams. Gerade wenn er seinen Job mit sehr viel Erfolg macht, hinterlässt er deshalb eine Lücke, wenn er wieder geht, und der Nachfolger hat unter Umständen Probleme, in seine Fußstapfen zu treten. Diese Situation darf nicht unterschätzt werden. Um dem vorzubeugen, ist deshalb der professionelle Abschluss bzw. eine gründliche Übergabe wichtig, damit der Nachfolger keine Probleme bekommt. Das Unternehmen darf in dieser Situation nicht zögerlich sein, aus Bequemlichkeit die Interim Lösung, wenn die Zeit gekommen ist, auch wieder zu beenden.

▶ **Tipp**   Binden Sie den Interim Manager aktiv in die Übergabe mit ein! Er kann helfen, allen Beteiligten klarzumachen, dass der festangestellte Kollege nun alle Aufgaben übernimmt und Ansprechpartner ist.

Des Weiteren ist es gerade in Unternehmen, die noch nie mit Interim Management gearbeitet haben, für die Verantwortlichen oft schwer, das nötige Budget bewilligt zu bekommen, da die hohen Summen oft irritierend sind. Dies kann zu Unstimmigkeiten führen. Wichtig ist in diesem Fall, den anderen Beteiligten klarzumachen, dass die Kosten gar nicht so hoch sind, wie sie im ersten Moment erscheinen – sie sind nur hervorragend transparent. Mit Hilfe der obigen Vergleichsrechnung sollten alle Zweifler überzeugt werden können.

5.2   Für den Interim Manager

Interim Management ist aufgrund seiner zahlreichen Vorteile nicht nur für Unternehmen attraktiv, sondern auch für den Interim Manager selbst. Kein Wunder, denn sonst würden sich nicht immer mehr Menschen freiwillig dafür entscheiden, auf dieser Basis tätig zu sein. Das Interim Management muss also einige Vorteile mit sich bringen, die eine Festanstellung mit gesichertem Einkommen und geregelten Arbeitszeiten übertrumpfen.

Zunächst einmal ist zu sagen, dass jeder Interim Manager das Leben in einer Festanstellung sehr gut kennt – gut nachvollziehbar, denn irgendwo musste er ja die Erfahrungen sammeln, die es ihm ermöglichen, als Interim Manager tätig zu sein. Der Wechsel erfolgt dann meist aus dem Wunsch heraus, selbstbestimmt zu agieren und sich auf eine gewisse Weise selbst zu verwirklichen. Der Reiz besteht darin, eine Vielzahl spannender Aufgaben zu bearbeiten und dabei viele interessante Unternehmen sowie ihre jeweiligen Kulturen und Geschäftsinhalte kennenzulernen. Außerdem hat man die Freiheit, sich immer wieder aufs Neue beruflich wie privat neu zu orientieren, indem man andere Projekte annimmt, die Lokalität

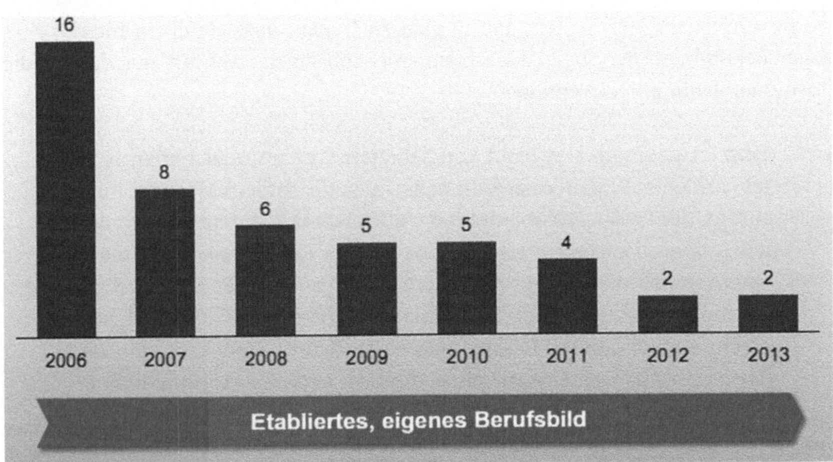

Abb. 5.2 Interim Manager, die in Festanstellung wechseln

wechselt oder auch einmal beschließt, sich einen längeren Zeitraum über der Familie, ehrenamtlichen Tätigkeiten oder auch der Erfüllung eines Traums zu widmen. Nicht zu verachten ist außerdem, dass der Interim Manager gänzlich von der Unternehmenspolitik befreit ist, da von vornherein allen bewusst ist, dass er nur für einen begrenzten Zeitraum bleiben wird. So kann er sich gänzlich seiner Aufgabe widmen. Das ist mit ein Hauptgrund für die bewusste Wahl dieser Tätigkeitsform. Und tatsächlich ist sogar statistisch belegt, dass immer weniger Interim Manager daran interessiert sind, in ein festes Anstellungsverhältnis zurückzukehren. Abbildung 5.2 zeigt, wie viel Prozent der Interim Manager pro Jahr nach einem Projektauftrag in eine Festanstellung im Unternehmen übergehen. Waren es 2006 noch ganze 16 %, wechselten 2013 nur noch magere 2 % in eine permanente Position. Das Berufsbild hat sich inzwischen also etabliert und die Personen entscheiden sich ganz bewusst für diese Form der Selbstständigkeit. Die Festanstellung mit ihrer vermeintlichen Sicherheit ist für diese Personen keine attraktive Alternative mehr.

Zusammenfassend kann also festgehalten werden: Es geht dem Interim Manager in erster Linie um die persönliche Karriere und nicht die Unternehmenskarriere. Aufgaben lösen, Ergebnisse bringen, Erfahrungen sammeln, neue Menschen und Unternehmen kennenlernen und sich fachlich und persönlich weiterentwickeln ist ihm wichtiger als Titel, Leistungsspannen oder Statussymbole. Dies erkennt man auch an der Bereitschaft der Interim Manager, zwischen unterschiedlichsten Tätigkeits- oder Positionen-Niveaus auf- und abzusteigen. Ein Punkt, den die Unternehmen oft nicht nachvollziehen können. Sie wimmeln Kandidaten ab, die sie für überqualifiziert halten, anstatt sich zu freuen, dass sie einen Interim Manager bekommen, der sogar noch mehr mit einbringen kann als nur das für die Position unbedingt Notwendige.

> **Tipp** Lassen Sie sich nicht von senioren Profilen oder hohen Jobtiteln irritieren. Worauf es ankommt, ist, dass der Interim Manager Ihnen zusagt, das Projekt zu übernehmen, auch wenn er auf den ersten Blick dafür überqualifiziert erscheint. Die höhere Expertise können Sie zu einem späteren Zeitpunkt vielleicht in einem anderen Bereich noch gut gebrauchen. Außerdem freut sich mancher Interim Manager auch nach einem anstrengenden Projekt, mal einen Schritt zurückzutreten und beispielsweise eine Aufgabe ohne Führungsverantwortung zu haben.

Auf der Negativseite ist anzumerken, dass das Interim Management nicht jedermanns Sache ist und manch einer sich sicherlich voreilig dafür entscheidet. Als Interim Manager muss man ein hohes Maß an Mut, unternehmerischem Denken, Erfahrung, Selbstorganisation, Disziplin, sozialen Kompetenzen und Fachwissen mit sich bringen. Man muss bereit sein, auf einen geregelten Arbeitsalltag zu verzichten und unter Umständen auch eine Zeit lang „aus dem Koffer zu leben". Außerdem kommt es durchaus vor, dass man längere Phasen zwischen zwei Projekten überbrücken muss – dies kann sowohl finanziell als auch psychisch belastend sein. Entscheidet man sich aber aus Überzeugung und ganz bewusst dafür, als Interim Manager tätig zu werden, so kann man darin unter Umständen eine ganz andere Erfüllung finden, als dies in einer Festanstellung möglich ist.

Exkurs: Was ist ein angemessenes Honorar?

Ein heikles Thema, weshalb es von beiden Seiten betrachtet werden soll: aus Sicht der Unternehmen, als auch aus Sicht der Interim Manager. Wenn Verständnis für die jeweils andere Partei da ist, wird es auch bei Verhandlungen leichter sein, eine für alle akzeptable Lösung zu finden. Wichtig bei dem festgelegten Tagessatz ist, dass er weder zu hoch noch zu niedrig ist. Ein zu niedriges Honorar demotiviert den Interim Manager und es besteht die Gefahr, dass er nicht volle Leistung bringt. Ein zu hohes Honorar dagegen erzeugt übertriebene Erwartungen beim Unternehmen und hinterlässt immer einen bitteren Beigeschmack.

Als Unternehmen sollten Sie als erstes überlegen, was sie bereit sind höchstens zu bezahlen. Beginnen Sie am besten damit zu überlegen, was ein festangestellter Mitarbeiter in einer vergleichbaren Position bei Ihnen verdienen würde. Dabei müssen neben dem reinen Lohn auch etwaige Zusatzleistungen wie Auto, Kantine, Altersversorgung, Weiterbildung und Ähnliches berücksichtigt werden. Beziehen Sie auch jene Kosten mit ein, die bei einem Freiberufler nicht anfallen, wie Lohnfortzahlung im Krankheitsfall, Abfindung, Urlaub etc. Wenn Sie nun noch überlegen, was es Sie kosten würde, wenn die Stelle nicht besetzt ist, wissen Sie, in welchem Rahmen Sie sich bewegen. Außerdem wird in den meisten Fällen an dieser Stelle auffallen, dass der Interim Manager günstiger ist als eine offene Position.

Lassen Sie sich nicht von Faustregeln wie „Bruttogehalt durch 220 Arbeitstage ergibt den Tagessatz" irreführen. Hier bleiben zu viele Aspekte unberücksichtigt und ein guter Interim Manager wird ein solches Angebot nicht annehmen.

Im Gegensatz dazu nun der Blickwinkel des Interim Managers: Was darf und was MUSS man als Interim Manager verlangen? Das Honorar darf nicht zu hoch sein, um potenzielle Auftraggeber zu verschrecken, aber andererseits muss man genug verdienen, um seinen Lebensunterhalt zu decken, eventuelle auftragslose Perioden zu überbrücken und auch im Falle von Krankheit oder Ähnlichem gewappnet zu sein. Was also ist die Arbeit eines Interim Managers wert? Eine eindeutige Antwort auf diese Frage gibt es wohl nicht. Schwer ist das Ganze vor allem deshalb, weil es sich bei einem Interim Einsatz nicht um ein Gut handelt, dessen Wert bereits im Voraus in Zahlen gemessen werden kann. Auch mit Recherchieren kommt man nicht immer weiter, da es viele verschiedene Empfehlungen und Ratschläge gibt, je nachdem welche Quelle man konsultiert. So gibt es die so genannte Ein-Prozent-Regel. Sie besagt, dass man als Interim Manager als Tagessatz ein Prozent des Jahresbruttogehaltes eines Festangestellten in einer vergleichbaren Position wählen sollte. Doch viele kommen auch mit solchen „Faustregeln" nicht zu einem zufriedenstellenden Ergebnis. Ein möglicher Ansatz ist, als Grundlage den individuellen Lebensstil des Einzelnen zu wählen und so das Ganze von hinten aufzurollen. Man überlegt sich also als erstes: Wie will ich leben? Dazu muss man sich natürlich etwas Zeit nehmen und sich die Arbeit machen, genau auszurechnen, wie viel Geld man braucht für Miete, Essen, Kleidung, Hobbies und alles, was sonst noch anfällt. Dabei ist es besonders wichtig, realistisch zu bleiben und nicht mit einem Lebensstil zu planen, den man vielleicht gerne hätte, der aber nicht zu den persönlichen Qualifikationen passt. Auf die sich daraus ergebende Summe addiert man noch einen Risikozuschlag, den man einkalkulieren sollte für den Fall, dass man krank wird, oder auch einfach deshalb, weil man als Selbstständiger immer das Risiko hat, eine Zeit lang ohne Auftrag zurechtkommen zu müssen. So kann man sich logisch erschließen, welchen Betrag man verlangen kann bzw. sollte und man kann dies außerdem gegenüber dem Auftraggeber nachvollziehbar begründen und rechtfertigen.

5.3 Ein Blick in die Praxis

Von den anderen lernen: Aus diesem Grunde kommt hier eine erfahrene Praktikerin zu Wort, die uns an ihren Erfahrungen zum Thema Interim Management teilhaben lässt. Andrea Hollenburger, Senior Vice President Human Resources bei der Scout 24 Holding GmbH, hat eine intensive und langjährige Erfahrung mit dieser Form des Arbeitens im Unternehmen gesammelt und berichtet hier über ihre Eindrücke.

M. Faber: Frau Hollenburger, Sie haben schon häufiger mit dem Instrument Interim Management gearbeitet. Welche unternehmerischen Beweggründe gab es für Sie, Gebrauch von diesem Tool zu machen?

A. Hollenburger: Wir sind in einer sehr dynamischen Branche tätig, in der die Unternehmen erfolgreich sind, die schnell eine hohe Qualität zur Verfügung stellen. Dies bildet sich in allen Abteilungen ab. Ausschlaggebend war deswegen, dass

Interim Management die Möglichkeit bietet, hochqualifizierte Spezialisten für alle wichtigen Bereiche zu bekommen – und zwar sehr schnell. Dadurch konnte zu jeder Zeit auf die verschiedenen Anforderungen des Marktes mit einer hohen Qualifikation und in einer Schnelligkeit reagiert werden, die man bei Festbestzungen niemals erreicht hätte.

Und außerdem haben wir uns auch als Unternehmen geändert. Durch den Erfolg sind wir stark gewachsen und plötzlich waren Erfahrungen und Fähigkeiten gefragt, die nicht in unseren eigenen Reihen zur Verfügung standen. Wir haben diese Anforderungen dann durch erfahrene Interim Manager bedient und, wenn nötig, den Interim Manager durch einen neuen, permanenten Mitarbeiter ersetzt. Oft war dies aber gar nicht mehr erforderlich, weil diese Erfahrung nur kurzfristig benötigt und hervorragend durch den Interim Manager abgedeckt wurde, der dann das Unternehmen wieder verlassen hat. Es kam aber auch schon vor, dass wir ihn an anderer Stelle mit einer anderen Aufgabe betrauen konnten. Dabei lag der Vorteil darin, dass die Besonderheiten des Unternehmens beim Interim Manager schon bekannt waren.

M. Faber: Welche Erfolge haben Sie erzielt, die Sie auf den Einsatz von Interim Managern zurückführen können?

A. Hollenburger: Wir haben mit dem Interim Manager sozusagen spezifisches Know-how importiert. Es ist uns dadurch gelungen, die Wachstumsphase aktiv zu gestalten, beispielsweise konnten wir den HR-Bereich deutlich schneller als erwartet aufbauen und so die Grundlage für das schnelle Wachstum der anderen Abteilungen legen. Auch konnten wir auf wechselnde Umweltzustände viel schneller als unsere Konkurrenz reagieren, weil wir wendiger waren als unsere Mitbewerber. Dies ist neben unserer allgemein schnellen Anpassungsfähigkeit mit Sicherheit auch dem flexiblen Personaleinsatz zu verdanken.

M. Faber: Worin sehen Sie die Vorteile im Einsatz von Interim Managern?

A. Hollenburger: Ganz klar in der schnellen Verfügbarkeit, der fundierten fachlichen Erfahrung und der senioren Persönlichkeit! Interim Manager brauchen keine lange Einarbeitungszeit und sind deshalb ideal geeignet zur Überbrückung, wenn sich ein passender Kandidat für eine Festanstellung noch nicht gefunden hat. Abgesehen davon verfügen sie aber auch über spezifische Fachkenntnisse und sind deswegen kurzfristig in wichtigen Projekten einsetzbar. Und durch ihre ausgereifte Persönlichkeit sowie die Tatsache, dass sie die anstehenden Aufgaben schon mehrfach erfolgreich durchgeführt haben, strahlen sie eine seniore Ruhe aus, die den Mitarbeitern Stabilität und Richtung gibt.

M. Faber: Was erwarten Sie von einem Interim Manager?

A. Hollenburger: Professionalität, Eigenständigkeit, schnelle Übernahme von Themen und fachlich ausgezeichnetes Know-how. Also eine gute Mischung aus einer ausgereiften Persönlichkeit und professioneller Erfahrung. Außerdem eine unternehmerische Denkweise, die sich von der Denk- und Handelsweise von festangestellten Mitarbeitern unterscheidet. Wichtig ist, dass der Interim Manager als eigenständiger Unternehmer auftritt und so denkt und sich so verhält. Nur dann ist er in der Lage, eine erfolgreiche Arbeit abzugeben. Ganz wichtig ist auch, dass der Interim Manager sich nur auf die Aufgabe konzentriert. Alles, was um ihn herum geschieht, sollte ihn nicht interessieren bzw. darf keine Auswirkungen auf seine Arbeit haben.

M. Faber: Was muss ein Unternehmen beachten, damit der Interim Manager erfolgreich ist?

A. Hollenburger: Nun, ich denke, das Wichtigste ist, dass das Unternehmen ganz klar weiß, was es eigentlich von dem Interim Manager will und ihm das auch deutlich kommuniziert. Deswegen ist eine genaue Auftragsklärung schon in der Kennenlernphase wichtig. Das bedeutet, dass man noch vor der Vertragsschließung ganz deutlich herausarbeiten sollte, was die Erwartungen sind, die Ziele, die Kompetenzen und die Zeitschienen. Und natürlich ist am Anfang des Projektes wichtig, dass man dem Interim Manager die Möglichkeit gibt, direkt voll einzusteigen. Eine kurze, aber prägnante Einarbeitung ist hier Gold wert. Dies umfasst beispielsweise, ihn mit den wichtigsten Mitarbeitern bekannt zu machen und ihm Zugang zu allen entscheidenden Informationen zu geben. Man muss zudem dafür sorgen, dass die Infrastruktur und die Kommunikationswege frühzeitig stehen. Und dann ist natürlich entscheidend, dass man im Unternehmen zielgerichtet kommuniziert, dass es sich um einen Interim Manager handelt, der unterstützt, welche Aufgaben er hat und wie die Schnittstellen sind.

M. Faber: Haben Sie zum Schluss noch einen Tipp, den Sie unseren Lesern mitgeben möchten?

A. Hollenburger: Es ist eine vergleichsweise neue Arbeitsform, die deswegen noch zu Unsicherheiten führt. Lassen Sie sich durch diese Unsicherheit nicht zu sehr beeinflussen. Sehen Sie die Möglichkeiten, die diese Form zu arbeiten Ihnen an Flexibilität, Schnelligkeit und Know-how bringt. Und setzen Sie sie gezielt mit den anderen Formen wie Festanstellung, Zeitarbeit und Beratung ein.

Blick in die Zukunft

Interim Management wird auch in Zukunft kaum noch aus der Arbeitswelt wegzudenken sein. Zu groß sind die Vorteile für alle Beteiligten. Im Gegenteil: Es ist davon auszugehen, dass diese und andere Formen der flexiblen Arbeit noch weiter zunehmen werden. Zum einen, weil Schnelligkeit, wie eingangs geschildert, immer mehr an Bedeutung gewinnt und dieser Trend sich aller Wahrscheinlichkeit nach weiter fortsetzen und vermutlich auch noch verstärken wird. In diesem Szenario muss effizient gehandelt werden und es muss immer der Mitarbeiter mit dem nötigen Fachwissen zur Hand sein – dies kann durch Interim Management garantiert werden. Zum anderen, weil die Generation der jungen Arbeitnehmer, die in den nächsten Jahren den größten Teil der Erwerbstätigen bilden wird, sich umorientiert hat und sich die Flexibilität wünscht, Arbeits- und Privatleben selbstbestimmt zu gestalten. Gerade da sie auch aufgrund ihrer Technikaffinität praktisch immer und überall arbeiten können, ist das Interim Management eine Arbeitsform, in der viele von ihnen sich sehr wohl fühlen werden.

Viele glauben sogar, dass sich in den folgenden Jahren das sogenannte „Crowdsourcing" weiter durchsetzen wird – sozusagen als nächste Stufe des Interim Managements. Dabei verfügen die Unternehmen lediglich über eine kleine Stammmannschaft, die sich in festen Anstellungsverhältnissen befindet und sich der strategischen, längerfristigen Aufgaben annimmt. Für alles andere wählt das Unternehmen aus einem Pool (der Crowd = Menge) immer diejenigen potenziellen Mitarbeiter aus, die gerade für eine bestimmte Aufgabe oder Projekt passend sind. Anders als beim Interim Management ist hier nicht mehr die Wahl zwischen Festanstellung und Interim Management, sondern der flexible Einsatz eines Mitarbeiters für eine bestimmte Aufgabe in einem bestimmten Zeitpunkt und einer

© Springer Fachmedien Wiesbaden 2015
M. Faber, T. Till, *Interim Management erfolgreich gestalten*, essentials,
DOI 10.1007/978-3-658-08039-6_6

bestimmten Unternehmenssituation. Es könnte sich also sozusagen um eine Weiterentwicklung des Interim Managements handeln, in der Funktionsbereiche eines Unternehmens mit verschiedenen freiberuflichen Menschen nacheinander besetzt werden. Immer abhängig davon, welche fachliche Expertise und Persönlichkeit gerade gebraucht wird.

Es ist nicht davon auszugehen, dass das klassische Arbeitsverhältnis gänzlich von flexiblen Arbeitsformen wie dem Interim Management verdrängt werden wird. Denn in vielen Berufen ist dies eher unpraktisch oder gar unmöglich. Außerdem wird die Erfahrung im Unternehmen, die interne Begleitung von Organisationen über einen langen Zeitraum nach wie vor wertvoll sein. Doch das Verhältnis wird sich vermutlich noch deutlich verschieben. Bereits heute beschäftigen sich beinahe alle Unternehmen mit diesem Thema, um der Geschwindigkeit des Marktes standhalten zu können. Eine Studie der Ludwig Heuse GmbH interim-management.de bestätigt: Der Interim Markt entwickelt sich konstant positiv weiter. Es gibt immer mehr Interim Manager. Seit 2010 steigen die Tagessätze mit Ausnahme einer kleinen Delle in 2012 wieder an, was uns zeigt, dass inzwischen auch die Unternehmen den wahren Wert eines externen Spezialisten zu schätzen wissen und auch die Auftragsauslastung der Interim Manager erhöht sich immer weiter.

An Abb. 6.1 lässt sich auch gut erkennen, dass immer mehr Interim Manager und Unternehmen auf die Unterstützung von Providern zurückgreifen. Inzwischen sind es gut die Hälfte der Aufträge, die ein Interim Manager selbstständig akquiriert und immerhin etwa 30 %, die über einen Provider vermittelt werden. Dabei entwickelt sich auch die Funktion der Provider stetig weiter. Er ist nicht mehr länger nur ein reiner Auftragsbeschaffer, sondern bietet auch fachliche und soziale Unterstützung für alle Beteiligten.

Selbstverständlich kann auch gut und viel diskutiert werden, ob Interim Management oder auch andere flexible Arbeitsformen auf Dauer erfolgreich sein werden. Bisher sieht es so aus, als ob es sich um ein Modell handelt, welches die nötige Flexibilität bietet, die Arbeitnehmer und Unternehmen heute brauchen und welches somit Zukunft hat. Allein schon deshalb, weil es den Menschen die Möglichkeit bietet, auch mal Pausen einzulegen und Luft zu holen. Denn die kontinuierlich zunehmende Geschwindigkeit ist Teil unseres Systems und vom Einzelnen nicht beeinflussbar. In einer flexiblen Arbeitswelt hat der Einzelne aber die Chance, zumindest für sich selbst zu entscheiden, wann es an der Zeit ist, etwas runterzufahren. Ein schöner Vergleich ist der mit einem Karussell. Nach jeder Runde kann jeder für sich entscheiden, ob er noch eine weitere drehen möchte, lieber einmal aussetzt oder noch jemanden an Bord holt, um die Gondel richtig in Schwung zu bringen.

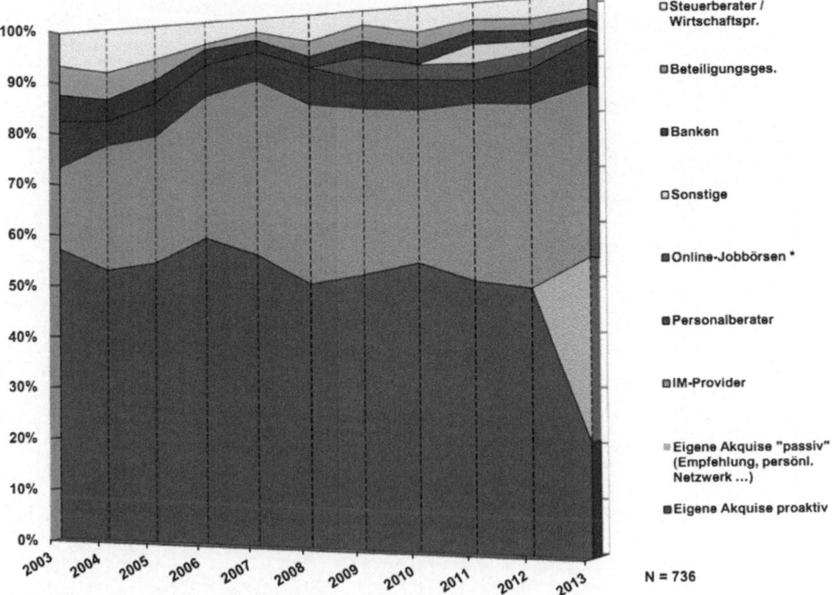

Abb. 6.1 Akquise von Interim Projekten

Was Sie aus diesem Essential mitnehmen können

- Was Interim Management bedeutet und welche Menschen bzw. welche Markteilnehmer dahinter stehen
- Wann Interim Management ein geeignetes Instrument für Ihr Unternehmen ist
- Wie Sie dieses Instrument gestalten müssen und was sie unbedingt beachten sollten, um es erfolgreich einzusetzen
- Warum Ihnen Interim Management mehr bringt als nur eine Aufgabenerfüllung

© Springer Fachmedien Wiesbaden 2015

M. Faber, T. Till, *Interim Management erfolgreich gestalten*, essentials,

DOI 10.1007/978-3-658-08039-6

Literatur

1. AIMP-Providerumfrage. 2014. www.aimp.de/images/pdfs/AIMP_PROVIDERUMFRA-GE_2014_FOR_SITE.pdf.
2. BuK Wirtschaft/Wirtschaftswissenschaften. 2013/2014. 16. Aufl. Wiesbaden: Springer Gabler.
3. Faber, Manfred. 2014. Interim Manager und Berater - Ein einziger Sumpf der Austauschbarkeit? Huffington Post Blog. http://www.huffingtonpost.de/manfred-faber/interim-manager-und-berater-ein-einziger-sumpf-deraustauschbarkeit_b_5576830.html. Zugegriffen: 01. Juli 2014.
4. Faber, Manfred. 2013. Interim Management - Ein Weg zu mehr Flexibilität. In *Die Arbeitswelt des 21. Jahrhunderts. Herausforderungen, Perspektiven, Lösungsansätze*, Hrsg. André Papmehl und Hans J. Tümmers, 47–60. Wiesbaden: Springer Gabler.
5. Faber, Manfred. 2013. Befristete Vertretung. *HelfRecht methodik* (Ausgabe 05). Bad Alexandersbad: HelfRecht-Verlag.
6. Faber, Manfred. 2013. Interim Management: Entlastung und Auszeit für Manager dank Vertretung! *unternehmer.de*. http://www.unternehmer.de/management-people-skills/153222-interim-management-entlastung-und-auszeit-fuermanager-dank-vertretung#. Zugegriffen: 12. Juli 2013.
7. Faber, Manfred. 2012. Klappe aufmachen und durchsetzen. *HR Today. Das Schweizer Human Resource Management-Journal*. https://www.hrtoday.ch/article/klappe-aufmachen-und-durchsetzen. Zugegriffen: 27. November 2014.
8. Faber, Manfred. 2012. Kollidierende Welten im Einklang. *Personalmagazin* (Ausgabe 11). Freiburg: Haufe Verlag.
9. Faber, Manfred. 2012. Wenn Welten aufeinander treffen: Über die Denkweisen von Finanzlern und Personalern. *HR-RoundTable News*. http://www.datakontext.com/download/HR_RoundTable_2-2012/page3.html. September 2012. Zugegriffen: 27. November 2014.
10. Faber, Manfred. 2012. Zusammenstoß zweier Welten. *Human Resources Manager* (Ausgabe 04). Berlin: Helios Media GmbH.

© Springer Fachmedien Wiesbaden 2015

M. Faber, T. Till, *Interim Management erfolgreich gestalten*, essentials,

DOI 10.1007/978-3-658-08039-6

11. Faber, Manfred, und Thomas Till. 2013. Zusammenarbeit – Wie sich Personaler und Controller besser verstehen. *business-wissen.de.* http://www.business-wissen.de/artikel/zusammenarbeit-wie-sich-personaler-und-controllerbesser-verstehen/. Zugegriffen: 27. November 2014.
12. Homepage DDIM. http://www.ddim.de/de/Interim_Management_Markt/Marktinformationen.php. Zugegriffen: 27. November 2014.
13. Studie der Ludwig Heuse GmbH interim-management.de: Interim Management in Deutschland 2013. http://www.interim-management.de/c/_o/175/StudieInterimManagementinDeutschland2013.pdf.
14. Sywottek, Christian. 2014. Was Wissen wert ist. *brandeins Wirtschaftsmagazin. Schwerpunkt Geld* (Ausgabe 06). Hamburg: brand eins Verlag.